Famílias inter-raciais

F✺SF✺R✺

LIA VAINER SCHUCMAN

Famílias inter-raciais

Tensões entre cor e amor

Prefácio
SILVIO ALMEIDA

Apresentação
BELINDA MANDELBAUM

Pelo bem viver de todas as famílias inter-raciais brasileiras

9 PREFÁCIO
Silvio Almeida
13 APRESENTAÇÃO
Belinda Mandelbaum
16 INTRODUÇÃO

24 Breve contextualização bibliográfica sobre famílias inter-raciais no Brasil
33 "Minha mãe pintou meu pai de branco": afetos e negação da raça
47 A cor de Amanda: entre branca, morena e negra
69 O racismo familiar e a construção da negritude positivada: da química ao crespo
92 Da democracia racial à descoberta do mito: o encontro com o racismo na vida do outro
110 Onde estamos e para onde seguir

115 APÊNDICE 1
Notas sobre o método
122 APÊNDICE 2
Quadro das famílias entrevistadas

123 AGRADECIMENTOS
125 NOTAS
133 REFERÊNCIAS BIBLIOGRÁFICAS

Prefácio*

"O amor é construção social": uma frase que denuncia como nossos afetos, gostos e desejos são condicionados pela totalidade social. O discurso do amor "romântico", "puro" e que "a tudo supera" encobre que mesmo os laços afetivos mais nobres se formam e se mantêm no interior de um mundo hierarquizado, violento e profundamente desigual.

Entretanto, a determinação social das relações afetivas carrega profundas complexidades, que vão além de constatações genéricas. O problema está em determinar de que modo e em que medida essas relações são influenciadas pela sociedade. Enfrentar tais questões sem incorrer em arbitrariedades e fantasmagorias conceituais dependeria de um estudo que analisasse as relações afetivas em sua concretude, ou seja, que investigasse de que maneira as subjetividades singulares se revelam como integrantes de uma estrutura particular e, ao mesmo tempo, como determinações do todo social. E é a isso que se propõe, de modo rigoroso, original e corajoso o trabalho de Lia Vainer Schucman.

* Texto publicado em 2018 para a primeira edição do livro.

Este livro é um modelo exemplar de pesquisa que relaciona processos de constituição da subjetividade e estrutura social. Seu objeto nos é apresentado de modo muito bem delineado e definido: a dinâmica das famílias inter-raciais. Se o amor é uma construção social, o racismo também é. A fim de demonstrar essa hipótese, Lia Schucman se "eleva" aos indivíduos que integram as famílias entrevistadas, dando-lhes voz para que contem suas histórias, o que evidencia como a conexão afetiva, apesar de suas particularidades, é perpassada pelo racismo. Mais do que isso — e este é o ponto que revela também a originalidade deste trabalho —, o racismo é tratado como constituinte das famílias, cuja forma das relações é de hierarquia e poder. Se a família é entendida como lugar de respeito e de hierarquia, eles só são realmente compreensíveis quando se observa o modo com que a clivagem racial define esses termos em cada contexto social. Nesse sentido, se a discriminação racial é uma relação de poder que se impõe à revelia da vontade consciente dos indivíduos, o amor familiar também se manifesta como uma relação de poder em que a raça é um elemento organizador.

A autora sabe da dificuldade de sua tarefa e, como boa pesquisadora que é, convida o leitor para estar junto de si na empreitada. Não à toa, o livro contém uma necessária explicação da metodologia adotada para definir o que seriam consideradas famílias inter-raciais e como foram estruturadas as entrevistas, tudo isso para que o leitor possa palmilhar os caminhos que levam dos discursos aos afetos e destes à compreensão de uma sociedade marcada pelo racismo.

É digna de nota a revisão bibliográfica que a autora realiza, mencionando as principais obras que tratam das famílias inter-raciais, um importante manancial para a continuidade das pesquisas sobre os temas tratados.

O livro trata das famílias, mas sobretudo do racismo estrutural. O racismo é abordado como um aspecto essencial da nossa forma de sociabilidade, de normalização e naturalização das hierarquias, de lugares e de discursos, que invariavelmente penetra nas famílias inter-raciais. A autora nos mostra como os principais padrões do "racismo à brasileira" — que funciona na lógica da negação do racismo e da exaltação da democracia racial — aparecem nos discursos produzidos no interior das famílias, ora "normalizando" a violência racista, ora conscientizando as pessoas brancas de seu lugar de privilégio, mas sempre trazendo consigo efeitos psicossociais determinantes nas trajetórias individuais.

Por fim, quero dedicar algumas palavras à coragem da autora. Um trabalho de qualidade como este não é feito sem coragem; coragem para pesquisar temas que nem sempre são bem-vindos na academia (também racista); coragem para lidar com a própria condição existencial e os problemas da vida pessoal; coragem para se dedicar a um trabalho tão complexo e com tamanho afinco em um contexto de crise social e de descrédito do conhecimento científico e até da noção de verdade. E Lia Vainer Schucman tem essa coragem, atributo que vem demonstrando desde o seu primeiro trabalho *Entre o encardido, o branco e o branquíssimo*,[1] em que estuda os mecanismos de poder que atribuem privilégios sociais a pessoas brancas.

Esta obra coloca Lia Vainer Schucman não somente entre uma das mais destacadas pesquisadoras brasileiras da questão racial, mas também estabelece seu lugar entre as intelectuais mais importantes de nosso país. Schucman transcende a sua área de pesquisa, que é a psicologia social, e nos apresenta um livro que serve de parâmetro para os mais variados campos das ciências humanas, tanto pela sua forma — metodologia impecável combinada com escrita elegante e generosa —, como pelo seu conteúdo — tema vital às discussões contemporâneas. Mas, se isso já não fosse o suficiente, ao tratar das tensões raciais nas famílias, a autora afirma a subjetividade como um aspecto estrutural da sociedade e, como tal, como um dado político. Assim sendo, não se pode compreender o Brasil e suas contradições sem que nos lancemos à tarefa de entender o processo político de constituição dos sujeitos. Enfim, qualquer tarefa de transformação social e de combate à desigualdade passa por entendermos como o político constitui e é constituído pela economia racial dos afetos. Afinal, se o amor é construção social, ele também é político.

SILVIO ALMEIDA
Doutor em filosofia e teoria geral do direito pela Faculdade de Direito da Universidade de São Paulo (USP). Em 2023 tornou-se ministro dos Direitos Humanos e da Cidadania do Brasil.

Apresentação*

Este livro traz uma contribuição original aos estudos sobre racismo no Brasil ao incorporar, aos debates nesse campo, uma leitura psicanalítica de dinâmicas relacionais em famílias inter-raciais. Como parte de seu trabalho de pesquisa de pós-doutoramento em psicologia social, a autora entrevistou famílias inter-raciais para compreender como cor, raça e racismo são afetivamente vividos e significados por seus diferentes membros e transmitidos entre as gerações.

Se o racismo no Brasil tem sido estudado em suas dimensões socioculturais e em suas relações com a multiplicidade de fatores que configuram nossas posições numa sociedade extremamente hierarquizada — na qual a cor historicamente marca algumas de suas principais linhas divisórias —, Lia Vainer Schucman chama a nossa atenção, nos depoimentos de membros de cinco famílias inter-raciais, para as dimensões intra e interpsíquica das experiências ligadas à cor, à raça e ao racismo. Em cada um dos capítulos, podemos ver como esses elementos são dinamizados de modo singular nas famílias, a partir das histórias de origem

---

* Texto publicado em 2018 para a primeira edição do livro.

do pai e da mãe, das relações de amor e ódio que se estabelecem entre pais e filhos desde a infância e das identificações que se fazem na intimidade dos vínculos. Schucman mostra como algo que poderia ser considerado um elemento objetivo — a cor da pele — ganha diferentes tons no imaginário dos membros das famílias, em função das tonalidades afetivas que colorem as relações. Cor e raça não são objetividades possíveis de serem classificadas por um olhar externo, mas manifestações expressivas do emaranhado de relações conscientes e inconscientes que urdem a tessitura familiar no interior de um contexto social historicamente marcado, no caso brasileiro, pela desigualdade racial e por um sistema de privilégios que tem a cor como um de seus principais marcadores. Vemos com os casos apresentados neste livro as dinâmicas psíquicas de afetos e identificações que constituem o mundo interno de cada um de nós, bem como os vínculos que estabelecemos em família, que não podem ser desconsiderados quando se busca compreender, em cada caso singular, o modo como a cor da pele, a própria e a do outro, é sentida e significada.

Dentro do espectro de possibilidades de atribuição de sentidos à cor da pele, à raça e ao racismo no interior da família e nas relações desta com a sociedade mais ampla, Lia mostra, com o auxílio da psicanálise, uma série de mecanismos psíquicos em operação nas falas de seus entrevistados: a negação (uma defesa psíquica para evitar o contato com a dor e o sofrimento produzidos pelo racismo em relação a si próprio ou a um familiar querido, mas que na verdade o perpetua ao deixá-lo intocado), as identificações afetivas entre pais e filhos no interior das quais a cor de cada um é definida, o reconhecimento do sofrimento gerado pelo racismo e a empatia com a dor do outro como mobilizadores da tomada de consciência sobre o racismo e a necessidade de desconstrui-lo. Em cada um dos capítulos, observamos esses mecanismos em operação nas falas das famílias reunidas na conversa com a autora.

Todo sofrimento é psíquico, relacional e social, sendo essas dimensões inseparáveis da experiência humana. Um artifício das ciências modernas separou o que seria o campo sociológico do campo psíquico. Mas o racismo é um fenômeno que, para ser conhecido, demanda tanto a investigação de seus determinantes objetivos no campo da história e das ciências sociais quanto a compreensão de seus impactos psíquicos nos indivíduos, nas famílias e nos grupos. Por isso, este livro é bem-vindo: ele entra no debate sobre racismo no Brasil como um convite para sua compreensão a partir das experiências dos sujeitos envolvidos e suas famílias, sendo a família inter-racial um fenômeno singular no qual é possível ver como as potencialidades de violência racial, mas também de seu reconhecimento e enfrentamento, podem ter origem no interior da própria intimidade familiar. Como Lia sugere, o livro é um convite para que outros pesquisadores sigam por essa trilha, valendo-se das ferramentas conceituais e metodológicas da psicanálise para conhecer e transformar situações de sofrimento produzidas pelo racismo. Já é sintoma grave das desigualdades sociais que vivemos e dos sistemas de privilégios vigentes no Brasil que, diante de tanto sofrimento gerado por relações racializadas entre nós, tão pouco os psicanalistas brasileiros tenham contribuído para o seu reconhecimento e superação.

BELINDA MANDELBAUM
Professora associada do Departamento de Psicologia Social e do Trabalho da Universidade de São Paulo (USP), onde coordena o Laboratório de Estudos da Família (Lefam).

Introdução

Este trabalho surge de uma série de inquietações que encontrei em minha trajetória como pesquisadora das relações raciais brasileiras. A pergunta que deu origem a este livro começou a ser formulada a partir de diferentes relatos de sujeitos que, em momentos distintos, expunham a mim os conflitos gerados pela questão da raça no interior de suas famílias. Os relatos eram de pessoas com sofrimentos intensos causados por racismo, com feridas profundas e traumáticas vividas no seio familiar. A partir disso, surgiu o desejo de compreender como essas relações, permeadas de tanto amor, afeto e consanguinidade, poderiam também ser tão violentas e repressoras do ponto de vista racial.

Voltando um pouco no tempo: em minha tese de doutoramento que deu origem ao livro *Entre o encardido, o branco e o branquíssimo: branquitude, hierarquia e poder na cidade de São Paulo*, procurei compreender como os pressupostos falsos ou imaginários sobre a raça — no sentido de que a raça, do ponto de vista biológico, não existe — provocaram efeitos concretos tão poderosos que passaram a regular práticas cotidianas, percepções, comportamentos e desigualdades entre diferentes grupos. O intuito era investigar como a ideia de raça, e particularmente a ideia falaciosa de "superioridade" construída acerca do significado de "ser branco", foi apropriada por sujeitos considerados brancos na cidade de São Paulo. Os resultados dessa pesquisa evidenciaram que o pensamento falacioso de superioridade moral, intelectual e estética ainda faz parte da construção desses sujeitos, estabelecendo, então, o que foi nomeado como branquitude — identidade racial branca.

Um desdobramento previsível desse livro seria, portanto, compreender como a branquitude[1] é deslocada, negociada, desconstruída e também afirmada nas relações interpessoais entre brancos e negros. Ali, poderia estar a chave para se compreender as múltiplas relações de dominação racial na intimidade familiar e também como essas relações afetivas poderiam ser o gatilho para processos de desidentificação, ou seja: a desconstrução do racismo em sujeitos brancos. Minha hipótese de partida foi a de que a intimidade inter-racial seria um lugar privilegiado para contribuir na compreensão qualitativa das relações raciais brasileiras.

Foi por meio desse problema inicial que pretendi articular a temática racial com os estudos sobre família. Procurei o Laboratório de Estudos da Família, Relações de Gênero e Sexualidade (Lefam), no Instituto de Psicologia da Universidade de São Paulo, sob supervisão da professora doutora Belinda Mandelbaum para, juntas, construirmos uma proposta de estudo. Essa proposta foi inicialmente elaborada sob o título de *Famílias inter-raciais: estudo psicossocial das hierarquias raciais em dinâmicas familiares*. Mais tarde, resultaria em uma pesquisa de pós-doutoramento, financiada pela Fundação de Amparo à Pesquisa do Estado de São Paulo (Fapesp).

Assim, este livro é fruto desses anos de pesquisa, que tiveram como objetivo central investigar e compor uma análise de como famílias inter-raciais vivenciam, negociam, legitimam, constroem e desconstroem os significados da raça e também do racismo cotidiano, vivenciado pelos seus membros não brancos. A pesquisa compreende ainda a questão de como os estereótipos e hierarquias de raça aparecem nas dinâmicas familiares, em suas estruturações e nas experiências emocionais geradas pelos intercâmbios familiares.

Em "Breve contextualização bibliográfica sobre famílias inter-raciais no Brasil", procuro mostrar alguns estudos precursores relativos às famílias inter-raciais, para que o tema seja devidamente contextualizado na sociedade brasileira.

Em "'Minha mãe pintou meu pai de branco': afetos e negação da raça", abordo, por meio da análise de duas famílias — Alves e Gomes —, como o mecanismo de negação do negro e da negritude do outro, dentro de uma família inter-racial, é articulado pelos familiares brancos como uma das dinâmicas possíveis para vivenciarem os conflitos e tensões raciais materializados em toda a sociedade, no interior da família. É possível observar que parte dos sujeitos brancos estabelece vínculos e afetos com pessoas negras e ainda assim legitima as hierarquias raciais da sociedade dentro da própria família.

Em "A cor de Amanda: entre branca, morena e negra", exponho, por meio da análise da família Soares, como os processos identificatórios nas relações interfamiliares são cruciais para a compreensão da autoclassificação racial dos filhos de casais inter-raciais.

Em "O racismo familiar e a construção da negritude positivada: da química ao crespo", descrevo, a partir da história de Mariana, os efeitos psicossociais da experiência da violência racial e do racismo quando ele é vivido pelos sujeitos negros nos arranjos familiares em que o branco da família é explicitamente racista. É possível observar que a categoria "raça" pode ser um dos fatores importantes para se pensar o desenvolvimento e a qualidade dos vínculos familiares.

Em "Da democracia racial à descoberta do mito: o encontro com o racismo na vida do outro", investigo, a partir do estudo de caso da família Albertini, a história de brancos cujo convívio com um familiar negro desencadeou a consciência do racismo e das diferentes formas de hierarquias raciais na estrutura social brasileira. Notamos que existem possibilidades de a família ser um lugar privilegiado para o desenvolvimento de estratégias de enfrentamento, acolhimento e elaboração da violência racista vivida na sociedade de forma mais ampla.

Os apêndices contêm comentários sobre o método de pesquisa e entrevistas, além de um quadro descritivo das famílias entrevistadas a fim de facilitar a consulta e navegação pelo livro.

AS FAMÍLIAS ENTREVISTADAS

A primeira pergunta que me fiz após elaborar a ideia da pesquisa foi: quando poderíamos considerar uma família como inter-racial? A primeira resposta foi a de um casal heteronormativo, em que um dos cônjuges fosse considerado socialmente branco e o outro negro — e eles mesmos se considerassem assim —, com filhos gerados por ambos. Essa é, de fato, uma concepção normativa de família e também de classificação racial. No entanto, eis um dilema do pesquisador: não se pode partir do zero, pois, para identificar construtos estereotípicos, é preciso lidar com os estereótipos. Portanto, mesmo com essa ressalva, os arranjos familiares encontrados foram todos compostos de famílias heterossexuais com filhos biológicos. A partir dessa configuração inicial, há todo um conjunto de classificações, autoclassificações e vivências que nos permitiram olhar de fato para algumas fragilidades da concepção normativa e consagrada no senso comum. Aqui está uma impressão a posteriori, que adiantamos para preparar a leitura e o espírito crítico que a apreensão deste trabalho enseja e sugere.

Ponderemos um pouco mais a respeito deste ponto: quais apontamentos preliminares ainda são possíveis de fazer sobre qual família pode ser considerada inter-racial? O primeiro é contextualizar o que estamos pensando sobre o conceito de raça. Partimos, aqui, do pressuposto de que raça é uma construção social que produz sentidos no cotidiano das pessoas e que engendra e mantém profundas desigualdades materiais e simbólicas nas vidas dos brasileiros.[2] Assim, o conceito de raça usado para nortear a pesquisa é o de "raça social", que, conforme Antonio Sérgio Alfredo Guimarães, não se refere a um dado biológico, mas a "construtos sociais, formas de identidade baseadas numa ideia biológica errônea, mas eficaz socialmente para construir, manter e reproduzir diferenças e privilégios".[3] Para esse autor, se a existência de raças humanas não encontra qualquer comprovação no bojo das ciências biológicas, elas são, contudo, "plenamente existentes no mundo social, produtos de formas de classificar e de identificar que orientam as ações dos seres humanos".[4]

É importante salientar o modo que estamos pensando a "família". Mandelbaum aponta

> a relevância de pensar a família como instituição social, historicamente determinada. As transformações econômicas, sociais e culturais sempre impactaram a família, produzindo mudanças em seus arranjos, em suas dinâmicas e suas relações com o mundo.[5]

E sugere ainda que é preciso compreender a família

[...] como campo de interseção entre a realidade social e a vida psíquica, uma tessitura que, em seu arranjo de parentesco e nos significados que atribui a cada um dos lugares que a compõem, sofre a determinação de uma história sociocultural na qual se estabelece e que a atravessa, ao mesmo tempo que é constituída na interação afetiva entre os membros. Toda família constitui um microcosmo fincado nas intermediações entre a esfera social e individual, o público e o privado, o real e a representação, o biológico e o cultural.[6]

Posto isso, e sabendo que raça é uma construção social e a família uma instituição que se constitui no tecido social na qual está inserida, é preciso pensar que as classificações raciais são bastante fluídas. Como já constatado na literatura antropológica, essas classificações são relacionais e situacionais:[7] uma mesma família pode ou não ser considerada inter-racial, dependendo da interlocução e de critérios outros. Um exemplo é a família Alves, formada por Valéria, seus filhos João e Maria e a neta Joana. Nessa família, como veremos no segundo capítulo, as classificações raciais se modificam, dependendo de quem responde à questão. Portanto, se nossa primeira informante fosse Valéria, estaríamos diante de uma família, considerada por ela, branca. Mas nosso primeiro contato foi por meio de João. Ele a considera uma família inter-racial, já que se autoclassifica como negro.

Ainda assim, sempre pode haver diferenças entre as categorias nativas e as dos pesquisadores.[8] Decidimos, nesse quadro teórico, que as famílias escolhidas deveriam ser consideradas inter-raciais pelos entrevistadores e também por algum membro da família. Essa solução me pareceu a mais simples e objetiva, liberando-nos assim de maiores explicações sobre critérios de classificação técnica inicial.

A escolha de cinco famílias para análise explica-se pelo conjunto das entrevistas, que gerou um material muito extenso e denso. Mas também pelo fato de muitos modelos internos de discursos raciais se repetirem. Isso fez com que selecionássemos as interações mais eloquentes e significativas, a saber, dessas cinco entrevistas. Para simplificar e auxiliar a leitura, elaboramos o quadro do Apêndice 2 com os seguintes dados: sobrenome fictício, autodefinição socioeconômica, idade, autodefinição racial e bairro em que a família mora e ocorreu a entrevista.

Após a realização das entrevistas, o processo de análise culminou na produção de um novo texto, uma síntese e, ao mesmo tempo, uma revisita aos dados e impressões elencados sob um olhar retrospectivo e dentro de uma outra narrativa que considera de maneira decisiva o referencial bibliográfico e a interseção das entrevistas. Confeccionamos, por assim dizer, e para a compreensão dos conteúdos temáticos apresentados nas falas dos sujeitos, um texto que optou pela triangulação de informações advindas dos diferentes procedimentos metodológicos aqui propostos e que, por sua vez, possibilitou pensar a categoria raça e o racismo nas relações entre os sujeitos, em uma perspectiva mais geral, fora dos limites até então traçados, do familiar. Trata-se de uma hermenêutica dos discursos, dos atos, das relações e dos objetos observados. A ideia é compreender, em conjunto com os sujeitos, suas demandas e seus traumas, as significações que circulam entre eles, em suas relações intra e extrafamiliares, levando-se em conta toda a complexidade dos temas envolvidos com a questão racial, enquadrada aqui no seio familiar, mas também muito mais do que isso: enquadrada na constituição mesma do sujeito, em suas identificações mais profundas e afetivas, mas imemoriais e atávicas, forjadas por uma sociedade que não cessa de se inscrever, tal como ele próprio, o sujeito.

Breve contextualização bibliográfica sobre famílias inter-raciais no Brasil

De acordo com os dados censitários do Brasil, pode-se afirmar que as relações afetivo-sexuais inter-raciais acontecem desde os tempos coloniais.[1] No entanto, esse número cresce com o passar dos anos. O Censo de 1960 apontou que 8% dos casamentos eram inter-raciais. Em 2010, esse número havia saltado para 31%, ou seja, quase um terço das uniões de nosso país acontece entre pessoas que se autoclassificam como sendo de diferentes raças. Apesar de se tratar de grande parte da população brasileira, há ainda poucos estudos em nosso país na área da psicologia que investiguem como se estruturam internamente as famílias brasileiras no que diz respeito às hierarquias raciais. Nas famílias aqui pesquisadas, a configuração que mais apareceu entre os casais inter-raciais é a do homem negro e a mulher branca. Não é puro acaso. Conforme mostra Nelson do Valle Silva, há maior disposição — fruto da ideologia do embranquecimento — do patriarcado e do machismo para homens não brancos se casarem com mulheres brancas do que para homens brancos se casarem com mulheres não brancas.[2]

Elza Berquó também assinala isso em sua pesquisa produzida na década de 1980 sobre padrões de nupcialidade entre os sexos, no Núcleo de Estudos de População da Unicamp.[3] Os dados ali encontrados mostram que há uma maior preferência afetiva de homens negros por mulheres brancas ou mulheres de pele clara do que o contrário. As mulheres negras (pardas e pretas) são as menos preferidas para uma união afetiva estável pelos homens negros e brancos. Há, portanto, um excedente de mulheres negras sem parceiros, sendo elas a maioria entre as mulheres solteiras, viúvas e separadas.[4]

Ana Cláudia Lemos Pacheco argumenta que esse padrão acontece por diversos motivos e que é preciso compreender as formas complexas de interseccionalidades entre raça, gênero e classe que produzem as escolhas afetivo-sexuais. No entanto, para ela, a combinação entre racismo e sexismo regula práticas históricas e colabora para um imaginário social em que as mulheres negras ainda têm pouco poder de "escolha" se comparadas com outros grupos raciais.

A questão do relacionamento inter-racial entre homens negros e mulheres brancas é motivo de diversos embates dentro dos movimentos negros, pois gera uma desigualdade de oportunidade matrimonial para as mulheres negras que, muitas vezes, pelos estereótipos a que estão submetidas, podem encontrar mais dificuldades na seleção de parceiros amorosos. Assim, como já apontado por Silva, Berquó, Telles e Pacheco, elas são rejeitadas na hora dos arranjos matrimoniais.[5] Não encontramos na literatura dos estudos de relações raciais, no entanto, pesquisas qualitativas que descrevam quem são as mulheres brancas que se casam com homens não brancos, tampouco como elas negociam a branquitude nessas relações.[6]

O estudo de Zelinda dos Santos Barros intitulado *Casais inter-raciais e suas representações acerca de raça* enseja a necessidade de um novo modelo de análise das famílias inter-raciais que esteja de acordo com a contemporaneidade, uma vez que a bibliografia sobre o tema se mostra datada. As entrevistas feitas pela autora sugerem relações diversas diante do fenômeno apresentado: enquanto uma família opta por lidar com a questão racial negando-a ou a amenizando, por exemplo, a outra faz o oposto. Mais uma constatação que fizemos ao analisar as pesquisas que enfocam casamentos e famílias inter-raciais no Brasil é que a maioria delas problematiza suas análises apenas no sujeito negro dessas relações e, muitas vezes, como aponta Barros, limita-se a fazer associações mecânicas por meio das quais o casamento inter-racial é visto como estratégia de ascensão social e embranquecimento, contribuindo para que os "'brancos' e 'brancas' que optam por este tipo de relacionamento também não sejam mencionados em tais análises".[7] A pesquisa de Laura Moutinho, *Razão, cor e desejo*, é a mais próxima a investigar o lugar do branco nas relações inter-raciais. Embora não seja um estudo sobre família, a autora propõe uma investigação dos afetos, desejos e sexualidades nos relacionamentos inter-raciais no Brasil e na África do Sul. Por meio de um método que inclui a análise de romances e também entrevistas, Moutinho descobre achados sobre as dinâmicas de relações inter-raciais que nos interessam. A autora afirma que a escolha de um parceiro ou parceira envolve questões raciais e também econômicas, de gênero, dentre outras, e que assim se estabelecem os valores no mercado dos afetos. Mulheres brancas se relacionam com homens negros quando não são interessantes o suficiente para homens brancos — leia-se fora do padrão de beleza exigido pelas pressões dos estereótipos de gênero —, enquanto homens negros se casam com mulheres brancas também porque querem ascender socialmente e, assim, se apaga a herança negra na família, em especial, por causa da branquitude. Nesse jogo, a mulher negra é a figura menos merecedora de valor porque pertence a duas minorias históricas (mulher e negra). Trata-se de uma tese que pretende desnaturalizar a ideia de que "gosto não se discute", e ainda de que "gosto é gosto". Gosto é um constructo social e histórico, que é influenciado pelas relações de poder e de opressões.

Outra observação digna de nota — ao analisar a literatura da área — é que são raros os estudos que falam dos processos de racialização dos filhos de casais inter-raciais, ou seja, do mestiço brasileiro. Mais paradoxal ainda é pensar que, apesar de existir uma exaltação da ideologia da mestiçagem no Brasil, é raro encontrar trabalhos contemporâneos que falem sobre a identidade "mestiça" no que tange à própria construção e experiência cotidiana dos processos de racialização desses sujeitos. Como aponta Joyce Souza Lopes:

> Tem sido mais recorrente discutir sobre os elementos contrários ou favoráveis à mestiçagem, os seus sentidos e rumos para as relações raciais no país, que pautar a identidade, o fenótipo e/ou as representações sociais do/a mestiço/a de modo eminente empírico. Uma problemática tão presente e concreta quanto a sustentação do discurso da mestiçagem é a do lugar geopolítico do mestiço e a sua constituição de pertencimento racial.[8]

Aqui, cabe pensar que o lugar do mestiço[9] aparece como um nó conceitual das discussões e discursos sobre raça, racismo e antirracismo no Brasil e, não à toa, Eduardo de Oliveira e Oliveira, na década de 1970, redige um artigo sobre as classificações raciais brasileiras intitulado "O mulato: um obstáculo epistemológico".[10] Para ele, o mulato é o "obstáculo epistemológico", a barreira simbólica que impede a clareza de um mundo social cuja história de escravidão e opressão dos não brancos deveria revelar-se determinada por critérios de pertencimento "racial". "Em chave política, para este sociólogo, o mulato é o traidor dos polos 'branco' e 'negro'; é quem ameniza, desqualifica e dilui a consciência e o conflito raciais".[11] Pensamos que tal desafio encontra-se na forma pela qual a mestiçagem como ideologia foi apontada como possível solução e estratégia racista para o embranquecimento da nação brasileira. Cabe lembrar que, pós-abolição, a identidade nacional brasileira e o futuro da nação eram amplamente discutidos pelos intelectuais brasileiros. As questões importantes surgidas naquele momento eram: 1) O que fazer com a massa de recém-libertos na sociedade brasileira?; 2) Como tornar a diversidade de populações aqui presentes um só povo e nação? Nesse mesmo momento, a Europa difundia os ideais do racismo científico, que proclamava que a raça branca seria mais civilizada e mais associada ao progresso da humanidade. Para o racismo científico, a miscigenação desqualificava e degenerava a humanidade. Era evidente, portanto, que ele constituía um entrave para a possibilidade de desenvolvimento do país, já que a nação era formada por uma parcela grande de negros e mestiços.

Para solucionar esse dilema, intelectuais como Oliveira Viana, Sílvio Romero e Euclides da Cunha trabalharam para ver a miscigenação como um valor positivo para o progresso. Daí surgiu o ideal de "branqueamento", uma teoria tipicamente brasileira, aceita entre 1889 e 1914 pela maioria da elite brasileira e definida por Thomas E. Skidmore como:

> A tese do branqueamento baseava-se na presunção da superioridade branca, às vezes pelo uso dos eufemismos raças "mais adiantadas" e "menos adiantadas" e pelo fato de ficar em aberto a questão de ser a inferioridade inata. À suposição inicial, juntaram-se mais duas. Primeiro — a população negra diminuiria progressivamente em relação à branca por motivos que incluíam a suposta taxa de natalidade mais baixa, a maior incidência de doenças e a desorga-

nização social. Segundo — a miscigenação produzia "naturalmente" uma população mais clara, em parte porque o gene branco era mais forte e em parte porque as pessoas procuravam parceiros mais claros que elas. (A imigração branca reforçaria a resultante predominância branca.)[12]

O ideal de branqueamento teve grande aceitação na intelectualidade brasileira e na política de Estado nas primeiras décadas do século 19. Foi visto como um meio mais apropriado para que o país alcançasse o progresso segundo o ideal de civilização europeia e se tornasse branco. Dessa forma, pode-se concluir que o mestiço nunca foi uma categoria racial com um fim em si mesma, mas um processo para chegar ao branco. Kabengele Munanga traduz bem o lugar dado ao mestiço no pensamento social brasileiro:

> O mestiço brasileiro simboliza plenamente essa ambiguidade, cuja consequência na sua própria definição é fatal, num país onde ele é de início indefinido. Ele é "um e outro", "o mesmo e o diferente", "nem um nem outro", "ser e não ser", "pertencer e não pertencer". Essa indefinição social — evitada na ideologia racial norte-americana e no regime do apartheid —, conjugada com o ideário do branqueamento, dificulta tanto a sua identidade como mestiço, quanto a sua opção de identidade negra. A sua opção fica hipoteticamente adiada, pois espera, um dia, ser "branco" pela "miscigenação".[13]

Os efeitos da ideologia do embranquecimento e o fato de os estereótipos negativos estarem diretamente associados à cor e à raça negra fizeram com que os brasileiros mestiços e grande parte da população com ascendência africana, de maneira geral, não se classificassem como negros, gerando um grande número de denominações para designar as cores dos não brancos, como moreno, pessoa de cor, marrom, escurinho etc. Portanto, essa forma de classificação não raramente eliminou a identificação dos mestiços com a negritude e fez com que eles não se classificassem como negros, bem como contribuiu para que permanecessem intactas todas as estereotipias e representações negativas dos negros.

Exatamente por essa constatação, os movimentos negros nascidos na década de 1970 vêm trabalhando para construir uma identidade negra positivada, que inclua tanto pretos como pardos em uma mesma categoria. Sob influência dos movimentos negros americanos, há, então, um esforço para redefinir o negro e o conteúdo da negritude, incluindo os indivíduos fenotipicamente negros e, sobretudo, os mestiços descendentes de negros que até então se caracterizavam, por meio da ideologia do embranquecimento, como mulatos, morenos, marrons, entre tantos outros nomes.

O fato de o mestiço aparecer no pensamento social brasileiro como um lugar de negação do negro pode ser a causa da dificuldade de encontrar trabalhos que discorram sobre o sentimento de pertença racial e construção de identidade desses sujeitos. Contudo, ainda que incipientes, encontramos alguns que contribuem para pensar a questão. Na área da educação, encontramos a dissertação de mestrado de Angela Ernestina Cardoso de Brito, intitulada *Educação de mestiços em famílias inter-raciais*, que aponta a complexidade que os filhos mestiços de negros e brancos encontram para se identificar em uma sociedade na qual o fenótipo, em vez da ancestralidade, é o que define a raça. Pois tanto a ideologia do embranquecimento como o racismo de marca acabam por influenciar de forma contundente os processos identificatórios dos sujeitos.[14] Angela Ernestina Cardoso de Brito descreve duas famílias em que os filhos de brancos com negros se autoclassificam como negros, sendo que essa opção se deve ao fenótipo e à discriminação vivida.[15] Nesse sentido, é possível dizer que no Brasil sobra pouco espaço para que os sujeitos se classifiquem a partir de outras formas de identificação, tais como a ligação com a cultura afro-brasileira ou com a história de seus ancestrais, já que o fenótipo e o olhar externo são a condição para que se defina alguém racialmente.

Eneida de Almeida dos Reis também dissertou sobre o lugar do mestiço e a construção dessa identidade do ponto de vista individual e coletivo no livro *Mulato: negro-não-negro e/ou branco-não-branco*. Para a autora, o mulato "vive uma ambiguidade fundamental em sua existência: ser um e outro e, ao mesmo tempo, não ser nenhum nem outro",[16] ocupando, dessa forma, lugares sociais que ora são do negro, ora do branco. Para a autora, assim como para Eduardo de Oliveira e Oliveira, o lugar do mestiço se apresenta não como uma identidade racial própria, mas sim como um lugar de fluidez pautado na ideologia do embranquecimento, no qual o lugar do branco é aquele aonde se "almeja" chegar. Há outra pesquisa importante, produzida pela norte-americana Elizabeth Hordge-Freeman, cujos resultados foram publicados no livro *The Color of Love: Racial Features, Stigma, and Socialization in Black Brazilian Families* [A cor do amor: características raciais, estigma e socialização em famílias negras brasileiras]. A partir de entrevistas e etnografia com dez famílias negras na cidade de Salvador, a autora aponta como a tonalidade da cor e os traços físicos, ou seja, a interpretação sobre o fenótipo de cada membro das famílias negras, pode estar intrinsecamente ligada a distribuições de afetos que privilegiam aqueles com maior proximidade à estética da branquitude, em detrimento daqueles com mais características interpretadas como de negros. Ou seja, "as hierarquias raciais dão forma às famílias afro-brasileiras e, ao mesmo tempo, tornam visíveis as consequências afetivas de práticas que naturalizam a inferioridade negra".[17] Apesar de não tratar especificamente de famílias inter-raciais, mas de famílias negras, a pesquisa é uma das únicas que procurou aprofundar o tema que relaciona a racialização dentro de famílias e o seu efeito nos vínculos afetivos. Nesse sentido, a autora conclui que:

> Qualquer esforço no sentido da igualdade racial no Brasil deve considerar envolver as famílias, pois dinâmicas racializadas internas ao grupo podem comprometer o bem-estar subjetivo de maneiras que podem ser mais devastadoras do que a desigualdade estrutural. Então, o que o amor tem a ver com tudo isso? Nas famílias, o amor está presente, mas como um recurso emocional, o que o amor se parece pode depender de como você parece.[18]

Assim, estando de acordo com a afirmação de Hordge-Freeman, este livro tem como intuito compreender como membros de famílias inter-raciais formadas por negros e brancos negociam, formulam, reformulam e produzem sentidos de raça e de racismo dentro das suas dinâmicas.

"Minha mãe pintou meu pai de branco": afetos e negação da raça

A família Alves é formada por Valéria, cinquenta anos, nascida na Bahia e residente em São Paulo durante a maior parte de sua vida. À época da entrevista, Valéria havia recentemente completado o ensino básico por meio de um supletivo e trabalhava como dona de casa. Ela se autoclassifica racialmente como branca. Tem dois filhos, João e Maria. João, 27 anos, graduado por uma universidade pública do estado de São Paulo, trabalha como professor em uma escola de ensino fundamental do município. Ele se reconhece como homossexual e preto. Sua irmã, Maria, de 35 anos, se autoclassifica como branca, tem ensino médio completo e trabalha como cabelereira e manicure. É mãe de Joana, fruto de um relacionamento da juventude, e atualmente está casada com outro rapaz. Joana, dezesseis anos, à época cursava o segundo ano do ensino médio em uma escola estadual na região e foi registrada como parda, mas se autoclassifica como mulata. A família vive no bairro do Limão, sendo que Maria mora com o marido e a filha em outra casa, e João mora com Valéria. Na entrevista, todos estavam presentes na casa de Valéria, e economicamente se autoclassificaram como pobres.

Por meio dessas autodeclarações e conforme verificado em Zelinda dos Santos Barros, já se nota a diversidade de formas com que cada família, e particularmente cada membro delas, lida com a questão racial e o racismo em nossa estrutura social.[1] O primeiro dado que nos chama atenção é a forma com que Valéria, a mãe da família Alves, apresentou-nos os membros da família que se autoclassificavam como negros, negando qualquer possibilidade de que se reconhecessem como negros e que fossem considerados negros em seu próprio ponto de vista.

Além disso, houve divergências entre a auto e a heteroclassificação,[2] uma vez que Maria, autodeclarada, registrada e heteroclassificada como branca, foi classificada por nós como parda; João, que se autoclassifica ora como negro, ora como preto, foi registrado como pardo e heteroclassificado pelos entrevistadores como pardo. Por último, a neta Joana, filha de Maria, foi registrada como parda, autoclassificou-se como mulata e foi heteroclassificada como preta por nós. Maria tem a pele bem clara e é loira. Seu primeiro marido, pai de Joana, foi descrito por todos da família como alguém de cor "bem preta".

Chegamos a eles a partir de João, amigo de um dos pesquisadores. No dia da entrevista, fomos recebidos por Valéria. Aqui cabe dizer que a gama de classificação de cores se mostrou interessante durante a entrevista, pois os primeiros dez minutos de interação entre os entrevistados e a pesquisadora foram de completa divergência quanto às classificações raciais. Isso se deve ao fato de que nós, pesquisadores, fizemos uma heteroclassificação de cor/raça bastante diferente daquela que os entrevistados dispuseram em sua autoclassificação. Em nosso modo de ver, aquela era uma família mestiça de negros e brancos. Pela classificação de Valéria, todos eram brancos, com exceção do filho João que, para a mãe, é "moreno claro". Importante ressaltar que a própria família tem discordâncias internas. A mãe parece ter a palavra de legitimação e poder sobre os outros membros, pois, na dinâmica de respostas durante a entrevista, foi bastante perceptível que, mesmo quando a pergunta se dirigia a outros membros, era ela a primeira a responder. Recortamos um trecho da entrevista com João que demonstra essa complexidade sobre a classificação racial da família:

> No Censo, como você responde sua classificação racial?
> *No meu registro é pardo e, em grande parte da minha vida, eu respondi como pardo. Minha mãe me chama de moreno claro, não me reconhece como negro. Hoje eu respondo como negro, e a questão de eu responder como negro é bem recente.*
> Como é que foi isso para você?
> *De passar desta resposta de pardo para negro? É porque pardo, para mim, é uma coisa meio estranha assim. E acho que negro, de repente, traduz melhor a minha origem. Até culturalmente. Sempre tive a cultura negra por perto. Samba, não sei o quê. A dança. Sempre fui mais próximo da cultura negra do que da cultura branca, digamos assim. Eu acho que faz mais sentido me identificar, porque pardo eu acho meio estranho. E negro aqui na zona Norte está ligado à tradição das escolas, do samba, da música, a tudo que eu me identifico.*

Nesse trecho, podemos perceber que a mãe classifica o filho segundo a cor (moreno claro), e o filho, ao se autoclassificar como negro a partir de identificações com a cultura negra e sua origem, remete à clássica categoria sociológica de raça.

Logo após a resposta do filho, a mãe olhou para mim e disse: "ele começou com isso depois de ir pra universidade, mas ele não é negro". Nota-se, portanto, uma primeira negação: a opção de classificação do filho é negada pela mãe. É interessante pensarmos no conceito de negação formulado por Freud em 1925, em

"A negação". Ali, ele aparece como um mecanismo que se dá no nível da linguagem e que não impede a operação do recalque. Na negação, portanto, o recalque continua operando e o que vem à tona na fala do sujeito é a representação recalcada que só será manifesta na condição de um "não" em sua frase formulada. Por meio da formulação "mas ele não é negro" é possível interpretar o referido enunciado nos termos de Freud: "Tomamos a liberdade, na interpretação, de ignorar a negação e apenas extrair o conteúdo da ideia". Assim, é como se a mãe tivesse dito: "ele é negro, mas não me é confortável admitir isso".[3]

É possível, com base nesse singelo dado preliminar, ter alguns elementos para compreender uma das grandes confusões nas classificações da mestiçagem brasileira. A mãe, quando diz que o filho é moreno claro, olha apenas para a coloração da pele. Cor, para a mãe, não tem relação com origem ou cultura: é apenas uma característica fenotípica. Ao mesmo tempo, podemos entender que a observância da cor em si é uma forma que a mãe encontrou para fugir dos estereótipos negativos construídos sobre o negro. No entanto, quando ela afirma "ele não é negro", pode estar se referindo a coisas diferentes. A primeira hipótese, mais comum na sociabilidade brasileira, é que essa mãe acredita que ser negro é algo ruim e por isso o filho dela não o é. Essa frase ainda pode ser entendida como "ele não é tão escuro" e, nesse sentido, há outras passagens da entrevista que corroboram a tese de que a mãe não enxerga a família como negra. Quando eu pergunto sobre os ancestrais, ninguém sabe dizer quem são os negros, e de onde vem a origem negra da família:

> JOÃO: *Eu sou louco para saber dos ancestrais. Mas é muito difícil, porque não fica [...] porque como é muito misturado, não fica muita lembrança.*

VALÉRIA: *Minha mãe era de origem italiana. O meu pai, nem sei, porque as irmãs dele eram loiras, loiras, de olhos claros. Só meu pai que era moreno claro assim. Era moreno claro, que nem o meu filho. Era até mais claro assim.*

Nessa resposta, os ancestrais lembrados são os brancos. A mãe, baiana, lembra-se de sua origem italiana, mas o pai dela, nomeado por ela como moreno claro — no qual provavelmente está a origem negra — aparece na fala como algo difuso, distante e cuja origem é desconhecida. Há, nessa família, por parte da mãe, uma dinâmica de esquecimento e negação do negro, portanto.

Teu pai é negro? [Pergunta feita olhando para JOÃO, mas VALÉRIA se antecipa]:
VALÉRIA: *Não. Ele não é negro. Ele é moreno.*
[JOÃO não responde].
Então, você é o único negro da família? E como é para você isso? Teve uma questão?
JOÃO: *Ah, quando eu era pequenininho era uma questão. Eu era diferente e eu queria ser igual a todo mundo, né? De qualquer forma hoje não é uma questão, pois eles não me consideram negro* [risos].
Tem alguma situação que você lembra, quando era pequeno?
JOÃO: *Eu lembro vagamente. Lembro-me das histórias da cândida, que eu queria tomar banho de cândida. Lembro de algumas coisas assim, tinha uma questão de eu não querer ser negro. A questão era querer ser parecido com todo mundo da casa. Era mais essa questão assim, que eu lembro.*
VALÉRIA: *Era se sentir diferente. Os irmãos todos brancos e só ele moreno.*
[MARIA entra na conversa e responde]
MARIA: *A nossa origem é meio estranha, não dá muito para saber. Porque da família dela* [da mãe], *por parte do meu avô, tem italianos e tal. Da parte da minha avó, não dá para saber muito.*

JOÃO: [que responde à pergunta anterior] *Do meu pai sim, também tem negros. Tanto que minha irmã, por parte de pai, é negra.*
MARIA: *Da parte do meu pai, mas ninguém sabe me confirmar isto, eu tenho desconfiança que tenha alguma ascendência árabe ou alguma coisa assim, porque são muito escuros.*
VALÉRIA: *O João é o árabe da família, a gente vive chamando ele de terrorista* [risos].

Como se vê, na primeira pergunta feita para João sobre o pai, ex-marido de Valéria, entende-se que, ao afirmar que o pai de João não é negro, ela realiza uma dupla negação: nega a negritude do pai e do filho. Negar que eles sejam negros, no entanto, não significa dizer que ela os enxerga como brancos, e essa é uma questão assaz complexa, tanto no que concerne às relações raciais brasileiras, quanto no que diz respeito ao mecanismo de negação enquanto um processo verificado empiricamente: negar, no sentido estrito da palavra, significa afirmar que uma coisa não existe, que não é verdadeira. Mas, só é possível dizer que Valéria nega algo porque há, em outro lugar — e em outros discursos da família e dela mesma —, situações em que se afirma a existência do componente negro na família.

Nesse sentido, quando declara que o filho era diferente de todos os outros da família, ela está dizendo que ele não é branco. É ainda possível entender que o que ela nega não é a cor do outro e sim a origem da cor, pois, ao afirmar que a cor de João vem de ascendência árabe, ela parece ter formulado uma estratégia para aceitar a cor, mas não sua origem. Embora não seja uma confirmação factual, é um tanto fantasiosa a hipótese de que a família tenha alguma origem árabe — fantasiosa no sentido da construção retórica. Isso porque, na genealogia da família, diferentes dados apontaram para uma ascendência de origem negra-africana — local de onde vieram os avós, sendo que o pai de João é descendente de ex-escravizados —, enquanto o único dado mencionado para "apresentar" a possível origem árabe foi exatamente a cor. Maria, a filha branca, parece concordar com a mãe quando também sugere uma ascendência árabe. O que importa para nós, no entanto, são as seguintes perguntas: afinal, o que está se negando? E por que se nega?

Como já vimos, o que se nega é a origem negra da família. Mas negá-la pode significar coisas distintas. A primeira e mais comum na sociedade brasileira, que é racista, é a tentativa de se distanciar de tudo o que representa ser negro. Nesse distanciamento, o sujeito retira aquele que ele ama — filho, marido — do grupo dos negros e mantém a representação negativa do negro intacta. Ou seja, ao negar a negritude ao "outro" com quem se relaciona, Valéria mantém e legitima os significados negativos construídos sobre o negro, sem precisar rever, ressignificar ou desconstruir o racismo em que foi socializada. Cabe dizer que uma de nossas hipóteses — a de que os afetos poderiam ser catalizadores para uma consciência antirracista —, verificada em outros contextos familiares, não se encaixa no caso de Valéria e, mais adiante, usaremos a dinâmica racial aqui relatada como parâmetro para outros e diferentes funcionamentos da estrutura social passíveis de verificação nas famílias pesquisadas. Estamos diante, portanto, de uma definição negativa.

Há, ainda, outros depoimentos que indicam que Valéria e Maria, mesmo tendo se relacionado com negros e terem filhos considerados negros, não adquiriram o que Twine nomeou como *racial literacy*.[4] Ambas se relacionam com o outro negando-lhe a possibilidade de sê-lo. Elas recobrem esse outro com a categoria do mesmo. Nesse sentido, salta aos olhos uma das características mais fortes da branquitude, a saber, uma identidade construída em torno de si mesma. Maria Aparecida Silva Bento apontou essa identidade como narcísica, um centro subjetivo em que não há nenhum espaço para a alteridade, e até onde parece existir um encontro (famílias inter-raciais) o outro é eliminado, uma vez que ele se enxerga ou projeta no mesmo aquilo que se é ou se pretende ser: não negro.[5] Não à toa, João pode ser moreno claro, pode ser árabe, pode até tomar banho de cândida. João só não pode ser o que ele mesmo diz que é: negro.

OUTRAS FORMAS DE NEGAR

Impactados com esses achados, fomos procurar em nossas anotações outras falas e formas com que os membros brancos das famílias entrevistadas produziriam mecanismos de negação do outro.[6]

A família Gomes é formada por Estela, de 66 anos, mãe, que trabalha como dona de casa e se autoclassifica como branca de origem italiana; pelo pai, Walmor, 74 anos, que fez ensino técnico e trabalhou de operário em uma fábrica de carros em São Bernardo do Campo, cidade onde residem. Walmor se autoclassifica como preto e diz não saber sua origem. Também é formada pelas duas filhas: Priscila, quarenta anos, e Juliana, 36 anos. Ambas se autoclassificam como pardas, em situações que elas nomeiam como "técnicas", e negras, quando a pergunta é, nas palavras delas, feita no "dia a dia". A entrevista foi realizada no apartamento onde à época moravam Estela e Walmor, e estavam presentes apenas Juliana e Estela. As duas se classificaram socioeconomicamente como classe média, justificando isso com o fato de a casa e o carro serem próprios, e de terem feito faculdade.

O depoimento de Juliana foi marcante, evidenciando duas formas de negação. A primeira mostrou mais uma vez que o membro branco da família não enxerga o outro como negro. A segunda é a tentativa de aniquilar no outro aquilo que possa lembrar qualquer traço de negritude:

Minha família é muito difícil neste quesito de raça. A família da minha mãe é de italianos, daqui de São Bernardo, e a família do meu pai é negra. Mas parece que minha mãe pintou meu pai de branco [risos], ela nunca sequer falou a palavra "negro" para descrevê-lo. Eu não entendo como, mas ela parece ter continuado racista. Aliás, eu sinto ela bem racista. Quando eu era pequena e ia passar fins de semana com minhas primas por parte de pai, eu adorava aquele aconchego que tinha no momento de todas nós trançarmos os cabelos, e mesmo que meu cabelo fosse mais liso que o delas, eu pedia para a minha tia trançar. Quando eu chegava em casa, minha mãe falava que estava horrível e tirava correndo. Eu não entendia, mas hoje sei que é porque eu ficava mais "negra". E hoje isto continua de outra forma, ela não gosta quando eu uso brincos muito grandes ou roupas coloridas, diz que é roupa de negro.

Essa fala de Juliana aconteceu quando a mãe não estava mais presente na sala. Suas palavras são autoexplicativas. Entretanto, é marcante que ela, como filha, aponte nesse e em vários outros momentos como a negação por parte da mãe foi violenta para a própria percepção de si e para a aceitação do seu corpo.

Minha mãe falava que eu era quase branca, mas que meu nariz não era de branco, ela falava rindo. Quando eu era pequena, sempre tinha esta sensação de tentar ser algo que não sou, uma sensação corporalmente inadequada. E quando eu tive filho, ela disse que se eu passasse bastante a mão no nariz dele enquanto ele era bebê, afinando a forma, o nariz podia melhorar porque ainda era só cartilagem.

Em suas falas, Juliana nos mostra que o racismo velado dentro de uma família é caracterizado pela negação violenta do outro, precisamente do membro negro. As consequências dessa negação podem ser brutais para o psiquismo de quem nasce e cresce com a ambiguidade de ser uma mãe que ama seu filho e, mesmo assim, o violenta. Não à toa, Juliana diz que se sentia fisicamente inadequada. Pois, parece-nos, esse é um amor narcísico, que acha feio o que não é espelho. Jurandir Freire Costa afirma que

> [...] a violência racista do branco é exercida, antes de mais nada, pela impiedosa tendência a destruir a identidade do sujeito negro. Este, através da internalização compulsória e brutal de um ideal de ego branco, é obrigado a formular para si um projeto identificatório incompatível com as propriedades biológicas do seu corpo.[7]

É esse corpo negro que, para atingir o ideal branco, sofre querendo tomar banho de cândida, desfazer as tranças e afinar o nariz.

Estela, a mãe de Juliana, assim como Valéria Alves, não negociou sua branquitude ao se relacionar com um homem negro. Pelo contrário, a brancura como ideal de beleza e ideal do humano continuaram seguindo como norma. Diante de ambos os casos, perguntamos: como pessoas com o racismo tão enraizado tiveram abertura para se relacionar afetivamente e, até mesmo, amar companheiros, filhos e netos negros? O que nos parece, até agora, é que, ao se envolver afetivamente com negros, elas ficaram "cegas" para a cor e as raízes deles. É a isso que estamos chamando de negação. Na fala de Valéria sobre a neta, essa hipótese ganha ainda mais consistência:

A cor e a raça são uma questão na família?
Não. Acho que não. Acredito que não. Na família não. Ah, sim! Teve na

época da Maria, com o pai da Joana, que era o marido dela. Teve isso da família, que teve aquele racismo. Porque ele era negro, negro, e ela é branca, né? Então a família teve aquele, tipo, um racismo. Até a menina nascer. Quando ela nasceu, a gente achava que ela fosse ser negra, mas ela acabou ficando mulata. Daí todo mundo acabou se apaixonando.

De início, ela nega que há na família uma questão relacionada à cor/raça. Depois afirma que o fato de o primeiro marido de Maria ser o que ela nomeia como "negro, negro" levou à preocupação sobre a cor com que Joana iria nascer. Em seguida, ela nos faz entender que o fato de Joana não ter nascido negra permitiu que a família a acolhesse. Valéria reforça nossa tese de que a cegueira é um componente decisivo, que opera no funcionamento do mecanismo da negação: é necessário não enxergar a cor para que seja possível se apaixonar. Para nós, entrevistadores, Joana seria heteroclassificada, nos parâmetros do Instituto Brasileiro de Geografia e Estatística (IBGE), como indivíduo de cor preta e raça (social) negra. O fato de essa família nomeá-la como "mulata", no entanto, pareceu-nos uma condição para que seus membros se sentissem livres para gostar de Joana. O que se nega não é a cor real do outro, mas todo o significado racista que recairá sobre ele ao nomeá-lo como negro. E temos, portanto, o paradoxo da negação, pois o que parece solução para o racismo acaba por reafirmá-lo. Em outras palavras, para ficar longe do significado racista de "ser negro", essas pessoas negam a negritude e perdem a possibilidade de desconstruir os estereótipos negativos atrelados ao "signo" negro. Esse discurso fez efeito na forma como a própria Joana se autoclassifica:

Como você se autoclassifica?
Como meio-termo, morena. Eu sei que às vezes tenho o meu lado branco, mas eu gosto da minha cor escura.

O que é lado branco?
Assim. As pessoas negras têm aquele cabelo, assim, mais cacheado, gostam de samba, [...] eu já não sou muito assim. Gosto de cabelo liso, muito liso, que é mais bonito e não gosto muito de sambar, não.

Joana, diferentemente de Valéria, não nega sua cor, mas age de forma a tentar desvalorizar ou "apagar" qualquer traço em que o contorno da pele que ela nomeia como escura seja preenchido com identificações culturais que ela caracteriza como "negras". Ao alisar o cabelo e dizer que não gosta de samba, Joana faz um movimento de aproximação com o que ela caracteriza como "lado branco". E aqui cabe nos perguntarmos o que Joana quis dizer com "lado branco". Ser branco, assim como todas as identidades, é relacional e contingente, ou seja, brancos e negros só existem em relação um ao outro, e suas diferenças variam conforme o contexto. Dessa forma, ambas as "cores" precisam ser definidas com relação a sistemas políticos, históricos e socioculturais específicos. Os indivíduos e os grupos sociais não trazem dentro de si uma essência negra ou uma essência branca, mas essas categorias são significadas e ressignificadas o tempo todo. Ser branco não é uma condição metafísica, nem tampouco se relaciona diretamente — como nos Estados Unidos — à eurodescendência. Ser branco no Brasil é uma condição pela qual, a partir de um estado primeiro, definido pelo fenótipo, as pessoas adquirem privilégios simbólicos e materiais. A branquitude é produto da história e é uma categoria relacional, como outras, sobre as quais repito: não têm significado intrínseco, mas apenas significados socialmente construídos. A atitude de Joana legitima os significados positivos ligados ao branco e os negativos ligados ao negro, já que reafirma que cabelo liso é branco e que é mais bonito.

Nas falas de Juliana e de Joana, percebe-se como a representação negativa e a negação do negro dentro de uma sociedade atuam de forma perversa sobre a própria subjetividade da vítima: a autodepreciação torna-se um dos mais fortes instrumentos de opressão sobre sujeitos pertencentes a grupos cuja imagem foi deteriorada. Portanto, os significados racistas produzidos em torno de uma identidade marcam suas vítimas de forma cruel, subjugando-as por meio de um sentimento de incapacidade, ódio e desprezo contra si mesmas.[8]

Esses depoimentos apresentam parte dos dados de nossa pesquisa, que avançou em configurações raciais diferentes, realçados em seus vários aspectos, o que não significa que o mecanismo de negação não apareça em todo o conjunto. O movimento que fazemos prevalecer é que certos *corpora* têm incidência privilegiada de determinados fenômenos e, portanto, frisamos que essas entrevistas foram as que mais trouxeram elementos para pensarmos o "mecanismo de negação".

Portanto, os depoimentos ilustram esse mecanismo, que parece, inclusive, ser a chave para entender uma questão central da sociedade brasileira: como um país com decantada e constatável mistura racial pode, ao mesmo tempo, perpetuar os maiores índices do racismo mundial?[9] Evidencia-se nas falas de Estela e Valéria que elas demonstram entender o racismo não como uma ideologia que afeta todos os âmbitos do cotidiano, mas como algo abstrato ou um movimento radical de interdição. Ou seja, não gostar das tranças, do nariz, do cacheado do cabelo ou da cultura negra é visto como mera questão de "opinião" e não como uma ideologia racista. Diante disso, e partindo de um ponto de vista de um branco não marcado racialmente — não raro a dicção naturalizada da ciência —, é incontornável escapar da observação de que no Brasil é possível: 1) ser contra o racismo, 2) achar que o racismo é um mal que todos devem combater, 3) casar com negros e, ao mesmo tempo, 4) ser racista.

Esses depoimentos auxiliaram justamente na tentativa de compreender se os afetos no interior de famílias inter-raciais poderiam atuar como veículo catalisador da desconstrução do racismo nos sujeitos brancos. Em uma análise mais detalhada das falas de nossos entrevistados, podemos perceber que brancos se ajustam em diferentes posições ideológicas nas relações inter-raciais. Nesse sentido, é importante apontar que existem variadas formas individuais e coletivas de responder às hierarquias raciais que estruturam a sociedade brasileira. O mecanismo descrito é um dos vetores que colabora para manter e legitimar o racismo em nossa sociedade, e nossa intenção descritiva era exatamente apontar esse fenômeno.

Mesmo no convívio diário com a diferença, portanto, é possível negar a alteridade. E isso nos parece uma forma de construção subjetiva bastante complexa, paradoxal e povoada de armadilhas de toda sorte (empíricas, sociológicas e psicológicas). Há de se ter muita atenção em terreno tão singular como o território brasileiro, constituído de uma pletora de mitos, esquecimentos e fantasias sociais que subsistem a teorias e leituras produzidas em sociedades de conformação e constituição diferentes. Parte deste trabalho é precisamente fazer tal articulação. Como veremos nos próximos capítulos, as fórmulas encontradas pelas famílias para lidar com a informação racial estão em constante movimento. Cabe aqui apresentar uma fotografia do presente e mostrar como a sociedade brasileira tem se comportado acerca desse assunto tão desafiador.

A cor de Amanda: entre branca, morena e negra

> Como explicar o fato de uma única pessoa poder ser registrada como "pardo" na certidão de nascimento, ser xingada de "preto" na rua, ser chamada carinhosamente de "moreninho" pelos colegas de trabalho, e ainda, talvez, sentir-se negro no meio de militantes?
>
> Andreas Hofbauer, *Uma história de branqueamento ou o negro em questão*

Se no primeiro capítulo vimos a negação da categoria negro por meio de várias possibilidades de eufemismos e gama de classificação, agora nos indagamos: como as classificações raciais brasileiras são negociadas, articuladas e apropriadas no seio de famílias inter-raciais? Para tanto, é preciso explicitar que, no Brasil, tratar desse fenômeno — cuja expressão é dinâmica e ambivalente — é um desafio complexo, já que o pesquisador precisa necessariamente sobrepor abordagens diversas, que são ao mesmo tempo materialistas e simbólicas, individuais e coletivas, históricas, sociológicas, antropológicas e psicossociais. Muitas vezes, torna-se um desafio equilibrar uma análise e não deixar escapar algumas dessas dimensões.

Discorrer sobre as formas de classificação racial brasileira, bem como a formação de identidades raciais no cenário contemporâneo, requer uma contextualização da história e da literatura sobre o tema. Contudo, não é o objetivo deste capítulo trazer o estado da arte dessas produções acadêmicas. Tentaremos, de forma sintética, pontuar algumas discussões relevantes para a compreensão da análise que faremos mais adiante sobre essas classificações nas dinâmicas familiares.[1]

Tracemos, portanto, um breve olhar sobre os diferentes estudos no campo das ciências sociais e humanas que se dedicaram a compreender o fenômeno das classificações raciais e a formação de identidades étnico-raciais no Brasil. Com raras exceções, os estudos que se debruçam sobre o tema afirmam que o tipo de classificação racial brasileiro se dá por aparência e não por ascendência/origem/ancestralidade.[2] Assim, a caracterização de Oracy Nogueira sobre o tipo de preconceito racial brasileiro e quem são as suas vítimas ainda é válida e atual.[3] Ao analisar comparativamente Brasil e Estados Unidos, o autor utiliza a denominação "preconceito de marca" para descrever o fenômeno brasileiro exercido essencialmente sobre a aparência e os traços físicos do indivíduo, e "preconceito de origem" para definir o fenômeno americano pautado na ancestralidade.

Nogueira considera como preconceito racial uma disposição (ou atitude) desfavorável, culturalmente condicionada, direcionada aos membros de uma população, cujas próprias percepções de si são estigmatizadas, seja devido à aparência, seja devido a toda ou parte da ascendência étnica que se lhes atribui ou reconhece. Quando o preconceito de raça se exerce com relação à aparência, isto é, quando toma por pretexto para as suas manifestações os traços físicos do indivíduo, a fisionomia, os gestos, os sotaques, diz-se que é de marca; quando basta a suposição de que o indivíduo descende de certo grupo étnico para que sofra as consequências do preconceito, diz-se que é de origem.[4]

Entretanto, apesar das diferentes pesquisas atuais apontarem que a aparência é a forma classificatória no Brasil, há uma diversidade de formas relacionadas às categorias de cor e raça que os brasileiros usam para interpretar a aparência dos sujeitos. No trabalho de Edward Telles, *Racismo à brasileira: uma nova perspectiva sociológica*, ele aponta três maneiras usadas pelos brasileiros para classificar os sujeitos e produzir identidades raciais dentro de um continuum de cores do branco ao negro. São elas:

1) o modelo oficial dos censos do IBGE (cor/raça), utilizando cinco categorias (branco, pardo, preto, amarelo e indígena);

2) "o discurso popular" que, à primeira vista, indicaria o uso de uma profusão de termos para descrever raças e cores; e

3) o sistema bipolar (branco, negro), utilizado pelo movimento negro.[5]

Telles, como outros pesquisadores, sustenta sua caracterização do modelo múltiplo na variada terminologia utilizada pelos brasileiros para descrever as gradações de cor.[6]

Já Jacques D'Adesky indica o uso de cinco modos de classificação racial:

1) o uso das cinco categorias oficiais do IBGE;

2) "o sistema branco, negro e índio, referente ao mito fundador da civilização brasileira";

3) o sistema classificatório popular de 135 cores, segundo apurado pela Pesquisa Nacional por Amostra de Domicílios (Pnad), em 1976;

4) o modo binário branco e não branco usado por inúmeros pesquisadores nas ciências humanas; e

5) o modelo binário branco e negro, proposto pelas organizações e movimentos negros.[7]

D'Adesky, Telles, Guimarães, Munanga, Piza e Rosemberg e Schwarcz apontam que as diferentes classificações raciais do sistema popular são marcadas por duas características principais.[8] A primeira é a classificação a partir da marca física, ou seja, os diferentes nomes remetem às cores dos corpos. A segunda — e principal característica — é que esse continuum de nomes dados aos diferentes matizes de cores dos brasileiros está sempre permeado pela ideologia do embranquecimento, segundo a qual "a classificação popular reflete antes de tudo uma hierarquização, uma relação assimétrica, um continuum vertical em que a categoria branca se situa no topo e a categoria negro embaixo".[9]

Contudo, é preciso pensar que a categoria "cor" no Brasil tem sido usada como uma metáfora de raça e que, segundo Guimarães, a noção de cor e a aparência física, no imaginário da população brasileira, substituíram oficialmente as raças.[10] Ou seja, a cor da pele no Brasil é colada e atrelada à imagem de raça produzida pela ciência moderna. Dentro dessa lógica, quanto mais escura a cor da pele de um indivíduo, mais perto da ideia de raça negra estereotipada e estigmatizada pelo racismo moderno ele está localizado, e quanto mais perto da cor de pele branca, mais status e privilégios ele ganha.

FAMÍLIAS INTER-RACIAIS E O LUGAR DO MESTIÇO NO PENSAMENTO SOCIAL BRASILEIRO

Um dos pontos que mais chamou atenção nas entrevistas e observações das famílias inter-raciais, retomando a observação de Hordge-Freeman,[11] foi o modo pelo qual os diferentes membros das famílias nomeiam e classificam racialmente seus filhos. Essa classificação racial familiar pode nos falar muito da sociabilidade brasileira, no que diz respeito à cor e à raça, mas também nos diz muito das dinâmicas familiares e das identificações singulares de cada sujeito. Ou seja, para compreender como as classificações raciais acontecem no seio familiar, é preciso um olhar psicossocial que compreenda e articule ao mesmo tempo três dimensões do que Belinda Mandelbaum e

Janine Puget propõem para examinar um fenômeno que é a um só tempo psíquico e social. São as dimensões intrassubjetivas, intersubjetivas e transubjetivas.[12]

Em nossas entrevistas e observações das famílias, nem todos os filhos puderam dizer sua autoclassificação, pois alguns deles ainda eram muito novos para falar. Contudo, uma das perguntas que fizemos aos pais era: de qual forma você classifica racialmente seu filho? Nas entrevistas em que os filhos estavam presentes, por sua vez, perguntamos: como você se autoclassifica? Nos casos das famílias observadas, o objetivo era perceber como o assunto aparecia e em que momentos.

As respostas colhidas sobre classificação racial são diversas e estão relacionadas às formas de identificação de cada uma das famílias. Há algo, entretanto, que é consenso em todas: a categoria parda, escolhida pelo IBGE para referir-se a brasileiros mestiços, a saber, indivíduos com as mais variadas ascendências raciais, não foi uma opção de autoclassificacão e tampouco de heteroclassificação dos pais. Em todos os casos entrevistados, mesmo entre os que se consideravam mestiços, houve uma rejeição ao termo. Isso evidencia que as categorias do IBGE não dão conta das demandas identificatórias dos sujeitos, já que, ao se referir à cor/raça, eles acabam não se encaixando em nenhuma das categorias oficiais. Quando falamos de "cor", portanto, mesmo que isso seja uma metáfora para "raça", nos referimos a uma gama cromática infinita entre o preto e o branco, que produz sentidos a partir das aparências fenotípicas do sujeito. O termo "raça", por sua vez, pode ser interpretado e usado como categoria de identificação por origem familiar, ascendência, cultura, tradição, opção política, ideológica, entre outras.

Nesse sentido, pensamos o conceito de identificação como processos que aparecem tal qual sínteses abertas, resultantes da apropriação de diversos significados culturais e simbólicos no percurso singular de cada sujeito. Ao longo de tal percurso, os sujeitos procuram conciliar vivências afetivas muitas vezes contraditórias de diferentes contextos sociais em que se inserem, como a família, a escola, os vários grupos sociais etc. No entanto, o processo de identificação nunca começa do zero. Esse movimento de apropriação de significados e produção de sentidos se baseia sempre em um conjunto de determinados materiais simbólicos construídos sócio-historicamente dentro da cultura e também dentro da família em que estão inseridos.

No caso da categoria parda, percebemos, por meio das respostas e observações das famílias, que ela não preenche nenhum dos modelos identificatórios vivenciados pelos sujeitos. Pardo não remete a uma ligação ancestral, não remete à cultura, não é uma opção política e tampouco parece corresponder a traços fenotípicos. Não é, portanto, uma forma pela qual os próprios sujeitos se identificam na questão racial. Percebe-se, ainda, que a autoclassificação racial de cada sujeito está menos ligada à cor da pele e mais vinculada aos afetos e identificações que cada sujeito tem com os membros brancos e negros de suas famílias. Assim, a cor é vista através de uma complexa lente psicossocial e histórica.

FAMÍLIA SOARES E OS DIFERENTES LUGARES DADOS AO MESTIÇO

Escolhemos a família Soares para investigar essa questão, uma vez que pai, mãe e filha expõem uma questão crucial para as relações raciais brasileiras: o lugar dado aos "mestiços". A entrevista trouxe falas significativas para pensarmos como cada um deles se identifica racialmente e como funcionam os processos identificatórios de cada um. A família Soares tem a seguinte configuração: o pai, Alfredo, branco, 53 anos; a mãe, Janice, negra, cinquenta anos; e a filha Amanda, 25 anos, que diz não saber se autoclassificar racialmente. Alfredo é mineiro, e Janice, paulistana. Conheceram-se e vivem em São Paulo. Os dois cursaram universidade e Amanda faz pós-graduação. Autodenominam-se "classe média".

Os três entrevistados apresentam muito conhecimento teórico e vivencial sobre o funcionamento do racismo brasileiro e constroem um discurso crítico sobre a ideologia do embranquecimento, o mito da democracia racial e demonstram ter consciência dos privilégios simbólicos e materiais que beneficiam a população branca. Podemos dizer que essa é uma família com consciência da ideologia racial brasileira. Os Soares produzem discursivamente significados positivos ligados à negritude e estão inseridos de diversas maneiras nas organizações sociais negras.

A entrevista com a família aconteceu em um café na avenida Paulista, em São Paulo (lugar sugerido por eles), e durou cerca de duas horas. Apesar dos diversos conteúdos sobre raça, racismo e da própria dinâmica familiar que ali emergiram, escolhemos focar o modo pelo qual os pais classificam a filha, Amanda, bem como os processos identificatórios de Amanda com relação à questão racial, já que nosso objetivo é pensar a classificação de raça dos filhos nas famílias inter-raciais, ou seja, o mestiço e seu lugar na sociedade brasileira.

Uma das primeiras perguntas que fizemos aos entrevistados foi como os sujeitos se autoclassificam racialmente e — por se tratar das dinâmicas familiares — como cada membro da família classifica os outros membros. Nessa entrevista em particular, foi preciso que fizéssemos a mesma pergunta de diferentes formas, pois, ao longo da conversa, a família ia construindo uma resposta, uma vez que Amanda não conseguia respondê-la de forma simples e precisa, como foi feito por seus pais. Portanto, o que pode parecer insistência foi apenas uma percepção de que o tema estava, naquele momento, sendo modalizado pelos entrevistados.

Nesse sentido, é preciso perceber que há uma certa mobilidade durante a conversa. No início, Janice classifica Amanda como "branca logo ao nascer". Mas, ao perguntarmos como hoje classificaria a filha, ela diz: "como negra". Em outro momento, no entanto, a classifica novamente como branca, o que mostra a característica processual dessas determinações. O pai, Alfredo, classifica Amanda como branca.

E como vocês se autoclassificam?
ALFREDO: *Eu me classifico como branco.*
JANICE: *Eu, como negra. Amanda, e você?*
AMANDA: *Nada ainda. É um saco isso, porque várias pessoas me perguntam isso, né? E aí eu sempre faço piada, começo a cantar música, porque não sei.*
ALFREDO: *Já teve debates acadêmicos lá em casa sobre isso.*
AMANDA: *É. Várias vezes. Eu estava pensando esses dias. Não sei. Nunca sei responder, porque não sou negra de fato, como várias das minhas amigas são. Não só no quesito pigmentação, mas no quesito de sofrer preconceitos. Eu entro na Livraria Cultura, ninguém vai ficar me seguindo. Eu entro em um restaurante e ninguém vai ficar me olhando. Isso eu tenho claro, tenho evidente. Ao mesmo tempo, em outros espaços, quando eu morei em Portugal, eu era, não totalmente negra, mas era afrodescendente. Uma não branca. E sofri uma série de coisas, assim, relacionada à sexualização do corpo. Não só por ser brasileira, mas por ter uma pigmentação diferente, ser puta, essas coisas. Então, eu não sei lidar ainda com a definição.*
Mas, Amanda, você se sente branca, por exemplo?

AMANDA: *Não. Não me sinto. Mas também não me sinto negra. Sei lá, é difícil. Não sei definir mesmo.*
Você falaria mestiça?
AMANDA: *É que eu não sei. Eu não tenho propriedade para falar destes termos ainda. Não sei. Não pesquisei o suficiente.*[13]

A dificuldade de Amanda em se autoclassificar pode ser baseada em dois fenômenos diferentes: o primeiro é relacionado ao seu fenótipo, ou seja, à pigmentação de sua pele, que, segundo ela, não é tão escura. O segundo é o fato de ela afirmar não sofrer discriminação na sociedade brasileira. Nesse sentido, há uma consciência dos privilégios que pessoas classificadas como não negras adquirem em uma sociedade estruturada pelo racismo antinegro. É exatamente essa consciência que faz com que Amanda não consiga se classificar como negra. Em sua fala, fica evidente que a convivência com negros de pigmentação escura e com pessoas dos movimentos sociais negros, que evidenciam um discurso baseado no ser negro a partir das discriminações vividas, são os fatores que a colocam nesse lugar de ambiguidade racial — um lugar ainda racial.

Tem gente, com a tua coloração, que se autoclassifica como negra. Sua fala mostra que você não se sente legítima para isso. O que a faz não sentir?
Saber que tem pessoas com a coloração muito mais forte que a minha, e que sofrem muito mais preconceito, pela cor, do que por qualquer outra coisa. Porque eu não sofro preconceito pela cor, como essas pessoas. Então, eu tenho este receio de me declarar como negra e de repente as meninas do movimento: "Ah, você é negra? As pessoas falam para você alisar o teu cabelo? Você é seguida no supermercado quando vai comprar alguma coisa?". Sabe? Coisas desse tipo. Alguém já chegou para você

e falou: "samba aí morena"? [...] Já escutei relato de "n" situações de mulheres negras e nunca passei por elas. No máximo, foram estas, por exemplo, relacionadas à minha mãe. "Ah, sua mãe é sua babá?" Mas direcionado a ela, não a mim. A mim nunca falaram algum racismo pela minha cor. Então eu fico tentando não me definir como tal, porque não sofro tanto quanto. Não sei se faz sentido.

Para Amanda, a classificação parece estar associada a uma vida socialmente marcada pela cor da pele e pela inferiorização e discriminação. Nesse sentido, percebe-se que o raciocínio sobre o que é ser negro e o que é ser branco (um dizer permitido a ela) se alinha com as reflexões atuais de alguns coletivos de organizações sociais negras, que propagam que uma pessoa que não sofre discriminação não deve se autodeclarar negra, como podemos ler nas falas já citadas: "eu tenho este receio de me declarar como negra e de repente as meninas do movimento: 'ah, você é negra? As pessoas falam para você alisar o teu cabelo?'. [...] Já escutei relato de 'n' situações de mulheres negras e nunca passei por elas". No entanto, ao perguntarmos como ela se sente, em termos emocionais, ela não tem dúvida de que suas identificações estão relacionadas ao ser negro e à negritude:

Mas, e emocionalmente? Esquece a teoria.
Emocionalmente eu falaria negra. Sem dúvida. Agora não dá para reparar porque meu cabelo está bem curto, mas eu tenho cabelo enrolado... Ele é bem crespo. Eu fico meia hora no sol, sem bronzeador, e já estou preta. Tenho alguns traços. Então, emocionalmente, sim. Mas, teoricamente, não sei. Parece que não posso.
Você tem uma identificação cultural?
Tenho. Total. Identificação cultural completa. Se escuto um atabaque, fico maluca. Porque eu sou "negona", eu não deveria. Brincadeira. Mas

se escuto um atabaque, uma dança... Nunca fiz aula de dança afro e começo a ver as meninas dançando, e começo a dançar naturalmente. Sem ter tido aula? Fui fazer aula de capoeira esses dias e super entendi tudo no primeiro dia. Então, culturalmente, eu super me reconheço com a cultura afrodescendente.

É possível ver nas falas de Amanda uma enorme possibilidade de refletir sobre diversos temas, o que deve ser analisado em detalhe. O primeiro ponto de análise está no fato de que, apesar de Amanda não se autodeclarar negra, ela admite um sentimento de pertença étnico-racial de negra. Identifica-se com a cultura negra e com sua mãe.

Belinda Mandelbaum aponta que a família é o local no qual "transmitimos e recebemos continuamente mensagens conscientes e inconscientes" e que a "via régia dos processos de transmissão psíquica é a identificação".[14] Nesse caso, a dança, a capoeira e as rodas de atabaque são signos compartilhados, construídos e escolhidos por parte da população negra brasileira, com os quais Amanda se identifica. Isso comprova o seu sentimento de pertencimento à coletividade negra, pois são signos comuns que constituem esses sujeitos como uma coletividade específica. É a partir da escolha desses signos que os sujeitos se unificam e se constituem como negros. Para Amanda, a introjeção dos signos caracterizados como negros passa pelo vínculo materno: a negritude é passada de mãe para filha. Amanda é herdeira das experiências da mãe e de todo um povo. Tanto a dimensão intrassubjetiva como a transubjetiva — que dizem respeito às relações entre os sujeitos e o universo sociocultural — habitadas por Amanda fazem com que ela se identifique positivamente com a negritude. Podemos perceber como a fala de Janice sobre ser negra se assemelha muito à de Amanda sobre suas identificações culturais:

O que te faz ser negra?
Acho que é também a cultura. Acho que sim. Não tenho certeza, mas, assim, essa questão do batuque mesmo, esse negócio parece que, em mim, mexe. Mexe comigo por dentro. Então, parece que é uma coisa, assim, mais longe do que eu posso explicar. Eu gosto e tenho prazer de estar nestes lugares, mas, quando toca, quando toca o pandeiro, quando toca o batuque mesmo, parece que é uma coisa, assim, que é lá da origem que eu desconheço. Eu me encontro naquele som. Parece que é uma coisa assim, se eu pudesse dizer, de uma outra geração, de muito longe, eu diria que isso mexe comigo dessa forma. Eu não sei explicar. Não sei se é só o prazer que eu tenho, porque é minha família e todas as festas da minha família eram assim. Não com o samba só, mas a gente reunida. Os meus sobrinhos, eles têm a pele mais escura do que eu, meus irmãos... então eu acho assim: aquela imagem, aquela reunião daquele povo todo batucando ou ouvindo música, e os lugares que eu frequentava, não sei se é só isso ou se este sentimento é alguma coisa que pode se explicar assim de ancestralidade. Não sei, não faço ideia, mas toca lá no fundo.

Apesar de a identificação intrassubjetiva de Amanda com a negritude ser evidente, é marcante em seu discurso, bem como na dimensão intersubjetiva, que o que é vivido por ela em suas relações familiares e de amizades interdita o desejo e as identificações estéticas pelas quais ela se caracterizaria como negra: "Então, emocionalmente, sim. Mas, teoricamente, não sei. Parece que não posso. [...] Se escuto um atabaque, fico maluca. Porque eu sou 'negona', eu não deveria. Brincadeira". Nessas frases, observa-se que a todo momento Amanda afirma sua negritude e também a interdita. Entre falas, gestos, reações e olhares, a entrevistada sugere ainda que, para além da pigmentação de sua pele, o modo como seu pai branco — consciente dos privilégios da branquitude e inserido nas discussões de algumas organizações negras — a classifica parece estar intrinsecamente ligado a essa proibição. Nesse sentido, fica evidente que a fala do pai, correspondente à de muitos movimentos negros, aparece no discurso da filha como uma posição coerente da qual ela não pode discordar.

Se o IBGE viesse perguntar a raça da sua filha, vocês diriam o quê?
JANICE: *Eu diria negra. Diria porque o IBGE não dá conta de explicar isso. Tem que explicar de alguma forma. E como a gente aprendeu, estudou, participava dos movimentos, esta questão de falar moreno, mulata está fora... Este padre Toninho, que é negro, fez o nosso casamento, ele explicava bem pedagogicamente: "mulata é uma mula". Ele associava com a questão de mula. Então eu nunca quis colocar esta expressão bronzeada, morena. Eu diria, para o IBGE, negra. Sem ter que explicar toda essa questão. Negra pelos ambientes em que ela vive. Pelo sentimento que provoca o atabaque, porque foi amamentada por uma mãe negra. Sei lá. Mas eu não saberia dizer assim. Não saberia preencher essa...*
ALFREDO: *Eu já comentei com a Amanda que eu a classifico como branca. Ela já me apresentou essa dúvida anteriormente e eu entendo que ela tem todos os privilégios de um branco. Até entendo que o desejo dela fosse se considerar uma negra e tal, mas, como o conceito de raça é um conceito social, então, socialmente, ela não é negra.*
JANICE: *É. Ela é branca.*
ALFREDO: *Eu não classificaria ela como negra de jeito nenhum.*
JANICE: *Eu, só por essa questão de onde você nasceu, de onde você se alimentou, eu diria. Mas...*
ALFREDO: *Eu acho que no nosso caso, é um conflito bom, entendeu? Essa dúvida, essa dialética.*
JANICE: *Alguém tem que resolver esta questão na sociedade.*
ALFREDO: *Principalmente porque, como a gente é ativista do movimento, a gente já pertence a uma geração e a um ambiente que gerou*

este negócio que é o orgulho de ser negro, entendeu? Em outro ambiente, em outra época, isso jamais aconteceria. Por exemplo, acho que o desejo da Amanda de ter mais este pertencimento à negritude é mais fruto disso: do conhecimento, da convivência e da prática. Então, eu considero este um dilema, um conflito bom. De constatar os valores e aspirar por eles, mas sabendo que, socialmente, tem essas diferenças. Agora, a gente volta naquela questão anterior que é a gente usar da branquitude para contribuir com o movimento. Tanto eu, quanto ela, a gente intervém bastante neste aspecto.

Nesse trecho, Janice classifica a filha como negra, pois é dos seios negros que ela foi alimentada, é nas rodas de samba que Amanda se sente feliz, é o lugar no qual ela se sente conectada com seus ancestrais. O pai, entretanto, é enfático em dizer que Amanda não sofre a violência do racismo e, por isso, não pode ser negra. Para ele, Amanda é branca. E, para Amanda, a resposta é: não sei. Uma hipótese a ser considerada é que a posição de Amanda — se vista negativamente é um não lugar — também pode ser pensada como uma forma estratégica de não escolher nem pelo pai nem pela mãe, já que ambos divergem nesse quesito. Talvez, escolher simbolicamente por uma dessas classificações poderia ter o sentido não apenas de optar por uma classificação, mas também por uma filiação. Como se a classificação (não) escolhida remetesse a apenas um de seus progenitores. A esse respeito, cabe lembrar que a entrevista foi feita com todos os sujeitos reunidos em um mesmo momento e que as falas são também resultados dos vínculos e de dinâmicas familiares desconhecidas por nós pesquisadores. Portanto, definir-se em uma das identidades raciais estabelecidas pelos pais pode parecer com escolha por um em oposição ao outro. Essa hipótese, ressaltamos, é aqui considerada. Ainda sobre o efeito produzido pela presença de outro familiar em uma entrevista, é interessante notar que Janice muda sua posição depois de Alfredo explicar as razões pelas quais Amanda não pode ser negra. Isso mostra que o pai é a autoridade sobre o discurso racial familiar e também o porta-voz da posição política com a qual todos supostamente se identificam. É interessante pensar que tanto a voz do pai como a que se imagina ser a do movimento negro[15] cumprem funções ambivalentes. Ao mesmo tempo que as falas impedem Amanda de se afirmar como negra, a concomitante posição de consciência do privilégio branco — bem como a solidariedade aos sujeitos mais prejudicados pelo racismo — possibilita que todos os membros da família se insiram de uma forma orgânica dentro do movimento negro e construam significados positivos sobre a negritude, tal como afirmou Alfredo:

> [...] *Principalmente porque, como a gente é ativista do movimento, a gente já pertence a uma geração e a um ambiente que gerou este negócio que é o orgulho de ser negro, entendeu? Em outro ambiente, em outra época, isso jamais aconteceria. Por exemplo, acho que o desejo da Amanda de ter mais este pertencimento à negritude é mais fruto disso: do conhecimento, da convivência e da prática.*

O discurso do pai, alinhavado ao de algumas organizações negras, precisa ser contextualizado para que não seja interpretado como um discurso individual e autoritário. Entende-se, aqui, que todo e qualquer sujeito é atravessado pelas condições políticas, históricas e sociais da conjuntura que o cerca e, nesse sentido, os discursos de Alfredo e de Amanda estão, evidentemente, atravessados por identificações com relação aos movimentos em que estão inseridos. É preciso, a partir disso, pensar que essas construções discursivas não foram elaboradas do nada, mas como respostas ao modo como o racismo opera no Brasil.

O discurso produzido estrategicamente como resposta à ideologia do embranquecimento e da mestiçagem no interior das organizações negras é o que faz com que haja uma interdição da classificação racial de Amanda, tanto como mestiça, quanto como qualquer "metáfora" de nomenclatura dada para essa categoria (tais como morena ou mulata). A estratégia desses movimentos parece responder a diferentes aspectos do racismo brasileiro:

1) classificar-se como mestiço sempre foi uma forma de embranquecer o negro e fugir da negritude;

2) a mestiçagem como mistura entre grupos não é o que está em jogo, pois sabemos que todos os grupos se misturam. A prova disso é que o mestiço fenotipicamente branco não é uma questão para o Brasil. Dessa forma, pode-se concluir que o mestiço que chamam de "mulato", "moreno" ou "queimado" é sempre aquele que tem traços fenotípicos que caracterizam aqueles que são nomeados como população negra;

3) dividir a população negra pela pigmentação da pele favorece a desunião desse grupo no combate ao racismo. Ou seja: para combater a ideologia da mestiçagem como instrumento de branqueamento da população, as organizações negras optam pela classificação bipolar de brancos e negros.

Com base nesses aspectos, é possível entender que a família Soares se alinha ao que Jacques D'Adesky e Edward Telles apontam como forma de classificação racial estratégica escolhida pelos movimentos sociais negros.[16] Como afirmou Janice:

> *E como a gente aprendeu, estudou, participava dos movimentos, esta questão de falar moreno, mulata está fora... Este padre Toninho, que é negro, fez o nosso casamento, ele explicava bem pedagogicamente: "mulata é uma mula". Ele associava com a questão de mula. Então eu nunca quis colocar esta expressão bronzeada, morena.*

Optar por tal estratégia discursiva, no entanto, não significa defender que esses sujeitos não saibam da existência de outros modos de classificação racial. Amanda chega a dizer mais adiante:

> *A gente, do movimento negro, fala negros e brancos. Mas socialmente a gente sabe que, na sociedade brasileira, tem o lugar da morena. Não é tão negra, mas você também não é branca. E é nesse lugar que estou, o da morena.*

Ao afirmar isso, Amanda mostra o caráter político das decisões familiares. Ela sabe que popularmente é vista, olhada e nomeada como morena. Contudo, recusa-se a se classificar como tal, já que entende que morena é uma forma brasileira de classificar os negros sem que os estereótipos negativos sejam modificados. E aí, então, cabe perguntar novamente: se Amanda se identifica positivamente com a negritude, tem consciência racial e um fenótipo no qual poderia se classificar como negra de pele clara, por que então a fala determinada do pai em chamá-la de branca, a ponto de que a mãe e ela mesma modifiquem suas posições na frente dele?

Voltando às falas de Alfredo, podemos perceber que ele, assim como todas as discussões teóricas sobre branquitude, aponta o privilégio como fator preponderante para classificá-la racialmente como branca:

> *Eu já comentei com a Amanda que eu a classifico como branca. Ela já me apresentou essa dúvida anteriormente e eu entendo que ela tem todos os privilégios de um branco. Até entendo que o desejo dela fosse se considerar uma negra e tal, mas, como o conceito de raça é um conceito social, então, socialmente, ela não é negra.*

É também esse reconhecimento de ter uma vida não aviltada pelas experiências do racismo e a solidariedade que sente por suas amigas de pele mais escura que fazem com que Amanda não se classifique como negra. Ela reconhece o privilégio de estar fenotipicamente perto dos traços atribuídos aos brancos de nossa sociedade e, portanto, da branquitude brasileira. Esse reconhecimento parece uma opção de pessoas de pele clara que se colocam ativas na luta antirracista exatamente para denunciar tais privilégios a partir de suas experiências. Nesse sentido, essa opção vai ao encontro do que afirma a antropóloga Joyce Souza Lopes no artigo "Branco(a) mestiço(a): problematizações sobre a construção de uma localização racial intermediária", ao dizer que optou por se classificar como branca ao reconhecer esse lugar de privilégio simbólico em nossa sociedade:

> Por ser resultado de uma relação inter-racial (mãe preta — pai branco), e por apresentar um fenótipo ambíguo, a minha autoafirmação racial é sempre questionada/questionável. A questão é que o/a brasileiro/a branco/a se sente cada vez mais confortável em considerar a miscigenação, em reconhecer o "pé na senzala" ou "desenterrar a avó preta", mas isso não ausenta o poder e/ou os privilégios do mesmo. Quero dizer que o racismo brasileiro não se concretiza em genética, em ancestralidade, na gota de sangue. Se reconfigura nas relações do olhar, da estética, sobretudo e todas as coisas da cor da pele, o nosso racismo é estruturalmente epidérmico, melaninocrático. Sendo assim, a aparência branco-mestiça representa também valor de brancura. Toda minha socialização, familiar, escolar, de bairro/comunidade foi, e permanece sendo, hegemonicamente entre os/a negros/a e sendo a mais clara, ora a menos escura, noto-me diferenciada em relação à negritude e suas implicações raciais.[17]

Percebe-se nas falas da antropóloga que a opção pela categoria branca está imbricada por uma construção identitária política e, talvez, longe das identificações da dimensão intrassubjetiva de Amanda que, como já apontado anteriormente, diz sentir-se negra. Quando lhe perguntamos como se sente ao se classificar como branca após a classificação paterna (dimensão intersubjetiva), ela afirma o seguinte:

> Mas você se classifica como branca em alguns momentos?
> *Sim, no sentido que meu pai apontou, dos privilégios. Gostaria de não me classificar como branca. Me sinto mal. Acho um saco isso. Tipo, é que virou piadinha e me acostumei. Minhas amigas negras, que fazem teatro, elas me zoam o tempo todo, tipo: "ah, sua branquela". Eu levo como brincadeira mesmo, porque, de fato, elas, de coloração, são muito mais negras do que eu. Eu não gostaria. Se eu pudesse falar "não, não sou branca", seria ótimo. Acho chato mesmo dizer que sou branca de uma mãe negra, de um avô negro-indígena, é muito ruim para mim. Eu fico incomodada.*

Eis que a condição de ser branca, mais uma vez, está associada aos privilégios que os brancos recebem e o pai ressalta. A grande questão que essa entrevista enseja é: para a realidade social brasileira, "ser negro" parece ter uma associação direta com o sofrimento advindo do racismo. "Ser branco", por sua vez, está diretamente ligado a uma vida de privilégios, suave e não marcada. Vale dizer que, mais que a pigmentação da pele, a posição de classe da família Soares é o fator decisivo para que eles construam os significados de raça no peculiar tecido social brasileiro.

Em vez de interpretarmos esse lugar racial no qual sujeitos intermediários atuam como um "não lugar" ou até mesmo como um lugar "problemático" no que se refere à construção de identidade, preferimos pensar de outra maneira: as falas dessa família são emblemáticas para compreendermos que as classificações de raça são sempre construções sociais, pois partem de um pressuposto inexistente no campo biológico, porém concreto no mundo social: a raça. Afirmar-se na intimidade como negra, mas se classificar publicamente como branca, aceitar o rótulo social de morena e vivenciar a percepção da própria afrodescendência por outrem em um país europeu são exatamente o resultado da conclusão de que esses lugares têm relativa mobilidade e são sociais e arbitrários.

O ponto central estabelecido pela entrevista é a radicalidade do processo relacional nas classificações raciais. Amanda, como qualquer outro sujeito, está no centro de três dimensões: intra, inter e transubjetivas. Entre brancos europeus, Amanda escolhe o termo "afrodescendente" para se autoclassificar e designar as vivências relacionadas à objetificação do corpo da mulher negra. O racismo experienciado por ela em Portugal se assemelha à objetificação histórica vivida pelas mulheres negras no Brasil. Já a decisão de se nomear como branca em algumas situações não se dá a partir de uma identificação com o grupo racial branco, mas por meio de uma posição que ela ocupa na sociedade com relação às amigas de pele mais escura. Quando o racismo está em jogo e ela se compara com as amigas, sente-se beneficiada pelos privilégios comuns aos brancos e então assim se classifica. E cabe dizer que se percebe beneficiada em uma sociedade na qual os corpos são hierarquizados pela pigmentação da pele. Quando Amanda diz se sentir negra, ela se refere aos processos identificatórios com a mãe, com toda a cultura e com o povo negro. Por sua vez, ao dizer que ocupa o lugar da morena, Amanda ainda se coloca em situação de relação direta com os lugares sociais ocupados por mestiços de pele clara. Tudo isso revela a complexidade e a sutileza que a autoclassificação racial enseja e promove na realidade singular do Brasil.

Vale apontar ainda o caráter relacional da própria entrevista da família Soares. Para além de responder às perguntas, eles estavam juntos elaborando essas questões, e as próprias classificações raciais se modificavam ao longo da discussão. Há que se considerar também o fato de que a entrevista foi dada para dois pesquisadores da Universidade de São Paulo (USP) cujo objeto de estudo envolvia investigações acerca das dinâmicas relacionais em famílias inter-raciais. O sentido do trabalho abria inúmeras possibilidades interpretativas para os entrevistados. Nossa intervenção acabava gerando respostas motivadas por mecanismos psíquicos, inclusive o de defesa. Falar sobre racismo com uma família de intelectuais engajados e esclarecidos sobre a temática pode gerar a afirmação defensiva de que a família em questão não é racista e, também, que não há hierarquias raciais nos discursos que ela produz. A autoridade familiar (no caso, Alfredo) se torna responsável não só por ser o mantenedor da ordem daquilo que se espera de uma família nos moldes tradicionais (harmonia, coesão, estruturação etc.), mas também por ser o mantenedor da ideia de que a família não é atravessada pela dinâmica hierárquica racial. Ou seja, Alfredo necessita garantir que a família dele exerça a função social atribuída às famílias e que também não haja hierarquias raciais legitimando os discursos. Em síntese, cabe a Alfredo coordenar o grupo rumo à família harmoniosa e não racista, afinal, como dizem Roger Bastide e Florestan Fernandes: "o brasileiro tem preconceito de ter preconceito".[18]

A fim de revelar as questões interseccionais que estruturam as opressões em nossa sociedade, é ainda importante mencionar a hierarquia de gênero. O representante da autoridade familiar se declara como homem branco e o restante da família é composto de duas mulheres: uma autodeclarada negra e a outra inter-racial, cuja identificação está sempre em questão. Quando perguntamos a Janice acerca da identificação racial da filha em um contexto objetivo como o do IBGE, a resposta inicial dela foi "negra" e, após a intervenção de Alfredo, ela a anuncia como "branca". Amanda, como vimos, gostaria de ser negra, mas se conforma com o fato de não ser, pois, segundo seu pai, ela tem privilégios da branquitude. Portanto, o conflito em torno da identificação racial de Amanda é também dado pela condição da mulher negra frente ao homem branco e, como se pode observar, a posição do homem branco prevalece. Existem argumentos para que Amanda seja classificada socialmente como branca ou como negra durante a entrevista — eis aí uma característica relevante do filho inter-racial — e, como Amanda cita, a sua (não) garantia de privilégios da branquitude é uma questão de contexto. Em Portugal ela é negra. Com suas amigas do teatro ela é branca e assim por diante.[19] Em qual discurso está a verdade sobre a identificação racial de Amanda? O consenso a que se pode chegar garante que a posição de Alfredo é prevalente.

Nessa perspectiva, é importante dizer que essa possibilidade de se classificar de modos distintos em diferentes situações e relações não é permitido a todos os sujeitos em nossa sociedade, uma vez que nosso racismo é de marca, fenotípico. Assim, no corpo estão inscritos significados racializantes: ele está imerso em um campo de significados construído por uma ideologia racista. Portanto, ao ser percebido socialmente, esse corpo emerge do campo ideológico marcado, investido e fabricado por significados inscritos na sua própria corporeidade. Trata-se de uma heterogeneidade que corresponde a uma escala de valores raciais, segundo a qual alguns sinais físicos balizam uma hierarquia que vai do branco ao preto, cujo status e valor são distribuídos de maneira desigual entre os sujeitos.

O racismo familiar e a construção da negritude positivada: da química ao crespo

> *A possibilidade de construir uma identidade negra — tarefa eminentemente política — exige, como condição imprescindível, a contestação do modelo advindo das figuras primeiras — pais ou substitutos — que lhe ensinam a ser uma caricatura do branco. Rompendo com este modelo, o negro organiza as condições que lhe permitirão ter um rosto próprio.*
>
> Neusa Santos Souza, Tornar-se negro, ou, as vicissitudes da identidade do negro brasileiro em ascensão social

Conheci Mariana[1] por acaso, quando os dados das entrevistas realizadas com as famílias deste trabalho já estavam sendo analisados. Mariana veio parar na casa de minha família por meio de uma conhecida em comum que me pediu que a recebesse, uma vez que ela iria apresentar um trabalho em um congresso na cidade onde moram meus pais. Dessa forma, nosso primeiro contato já se deu em âmbito familiar, numa relação próxima e, de alguma maneira, íntima. Convivemos na mesma casa durante quatro dias, durante os quais comentei que estava fazendo uma pesquisa sobre famílias inter-raciais. Mariana, filha de mãe branca e pai negro, então contou algumas de suas experiências familiares. Eram relatos doloridos e escancaravam a violência racista experimentada dentro da própria casa.

Em um de seus depoimentos, Mariana contou que nos raros momentos em que estavam próximas, sua mãe cantava cantigas de ninar com conteúdos racistas. Ela repetiu a letra da música, que dizia assim: "Plantei uma cenoura no meu quintal,/ nasceu uma negrinha de avental!/ Dança, negrinha!/ Não sei dançar!/ Pega no chicote que ela dança já!". Fiquei impressionada de ela repetir a letra e o ritmo que a embalavam na infância de forma tão natural.

Mariana foi embora e eu fiquei com sua história na cabeça. Seis meses depois, entrei em contato com ela para realizar uma entrevista. Naquele momento, eu já sabia que as relações com sua mãe não eram boas e que seria impossível entrevistar todos os membros da família juntos. Também percebi que as cenas de violência não haviam aparecido de forma tão contundente nos relatos em família quanto nos individuais, não apenas no caso de Mariana, mas também em tantos outros por mim colhidos. Portanto, esse depoimento individual foi estratégico para a análise sobre violência racial explícita dentro da família.

A entrevista ocorreu em um lugar público, durou cerca de duas horas e trinta minutos e foi conduzida por duas perguntas iniciais: a primeira, sobre a origem regional e racial de sua família, e a segunda, sobre como a "raça" era falada e vivenciada pelos membros da família. A partir daí, a entrevistada narrou de forma livre e associativa os acontecimentos que foram marcantes em sua história. Este capítulo, portanto, tem o propósito de pensar os efeitos psicossociais da experiência da violência racial e do racismo quando ele é vivido pelos sujeitos negros nos arranjos familiares em que o branco da família é explicitamente racista. Trato aqui de Mariana, mas, através de sua voz, falam muitas outras. Muitas famílias brasileiras estão aqui representadas, na vivência dolorida de muitas mulheres e homens que experimentaram o racismo desde a tenra infância.

A FAMÍLIA OLIVEIRA E A CONFIGURAÇÃO RACIAL DOS MEMBROS

À época da entrevista, Mariana Oliveira tinha 32 anos, fazia pós-graduação em história e morava em um bairro da periferia de São Paulo. Ela contou que seus pais se conheceram nessa cidade, sendo ambos oriundos do Nordeste. A mãe, Ivone, setenta anos, empregada doméstica, veio com a família de Pernambuco; e o pai, Fernando, oitenta anos, pedreiro, veio da Bahia na década de 1970 para trabalhar na construção civil. Racialmente, Mariana os descreve assim:

> A minha mãe é branca e é de origem holandesa. Então, é aquela parte de Pernambuco, sabe? Que tem pessoas brancas, loiras, do olho claro. A minha mãe é branca dos olhos verdes, cabelo liso; meu pai é de Entre Rios, interior da Bahia, nascido e criado em uma fazenda que eu desconfio que é remanescente de quilombo. Mas eu ainda não tive a oportunidade de pesquisar isso a fundo. Meu pai é preto retinto.

A estudante conta que os pais se conheceram em São Paulo, mas não sabe dizer exatamente como o encontro aconteceu. A mãe era, na época, "mãe solteira" de sua irmã mais velha, havia sido expulsa de casa e morava com uma irmã. De acordo com Mariana, ela costumava dizer que: "'O primeiro homem que aparecer eu vou casar porque eu preciso dar comida para a minha filha etc. e tal.' E aí, apareceu meu pai. Pelo que a gente sabe, ele ficou deslumbrado quando viu a minha mãe". Segundo a mãe, Fernando se apaixonou à primeira vista e, em menos de um mês, eles decidiram morar juntos. Ele registrou Joana, irmã mais velha de Mariana e, meses depois, se casaram no cartório. Fernando e Ivone tiveram quatro filhas e um filho, sendo Mariana a penúltima deles. Com exceção da mãe e da irmã mais velha, Mariana classifica os membros da família como pretos, hierarquizando as diferentes pigmentações e traços fenotípicos de cada um:

> *A minha família, de todos os meus irmãos — como é uma família inter-racial — nós temos várias tonalidades e várias características que são diferentes uns dos outros. Meu irmão e minhas duas irmãs são negros; a minha irmã mais velha — a que está viva —, não. E entre as minhas irmãs existem algumas coisas que, vamos dizer, minimizam um pouco. Por exemplo: a minha irmã mais nova é mais clara do que eu, mas o fenótipo é aproximado: cabelo crespo; a minha irmã mais velha, também negra (que é casada), ela tem cabelo cacheado, tem a mesma tonalidade que eu. Então, essas coisas vão minimizando. Eu, de todos os filhos, sou a que mais se aproximou do fenótipo do meu pai. Sou muito parecida com o meu pai. Sou igual ao meu pai! Muito parecida mesmo! Então sou a mais negra da família. Tanto que o meu apelido até hoje é Nêga. Todos têm um apelido: é a Su; é a Kika; é a Ka e eu sou a Nêga desde criancinha.*

OS LUGARES RACIAIS E SEUS CORRESPONDENTES NA DINÂMICA FAMILIAR

A segunda pergunta para Mariana foi se a temática racial era assunto em sua família e de que forma isso era colocado para ela. Ela relatou diversos episódios em que a raça foi origem de conflitos e hierarquias na família, mas também depositária de desavenças geradas por diferentes situações. Mariana não se recordou de nenhum momento em que a negritude foi significada de forma positiva pelo pai ou pela mãe. Seus relatos apresentam uma dinâmica familiar semelhante a um microcosmo da sociedade brasileira, em que a negritude é tomada como um lugar de inferioridade racial e a branquitude é valorizada como ideal de belo e humano e, portanto, vista como superior.

Eu soube que era negra desde pequena, nas vezes que a minha mãe brigava comigo e se referia a minha pessoa para chamar atenção, por exemplo; [Ela] me chamava de "macaca"; o meu cabelo era um problema muito grande porque ela não tinha a mínima paciência, não sabia como cuidar, então ela me batia para pentear o meu cabelo. Ela dizia: "esse cabelo de Bombril do seu pai! Esse cabelo ruim do seu pai! Você é igual a ele!". E eu olhava para o meu pai e era aquele homem que tinha uma identidade negra extremamente negativa e se colocava como inferior mesmo. Ele nunca me defendeu, e a minha mãe também o colocava como inferior, porque, nas brigas que eles tinham, ela sempre — assim como era comigo — pontuava essa questão racial. Ela o chamava de macaco, de preto fedido, preto nojento; ela me chamava também de preta fedida; as mesmas coisas que ela falava pra mim e, algumas vezes, para os meus irmãos, ela falava para ele. Em toda a briga ela pontuava essa questão racial.

A narrativa traz vários aspectos para refletirmos sobre o lugar que a ideia de raça ocupa nessa família. Assim, tanto a negritude como a branquitude podem ser fatores importantes para pensar o desenvolvimento e a qualidade dos vínculos familiares. Essa fala nos apresenta uma família em que o pai ocupa, na representação da mãe, um lugar de inferioridade na hierarquia racial e que, portanto, aqueles que se assemelham a ele, como é o caso de Mariana, são colocados por ela na mesma posição. Contudo, essa possibilidade de inferiorização só é possível porque as palavras da mãe encontram eco na maneira como o próprio pai interiorizou o racismo da sociedade brasileira. Ou seja, o pai toma para si um significado compartilhado socialmente, construído por meio do racismo e do legado da escravidão, e o transforma em sua dimensão intrassubjetiva como verdade sobre si, pactuando, então, com a maneira e o lugar de inferioridade em que é colocado. Nesse sentido, essa dinâmica familiar enuncia diferentes aspectos para compreendermos como a estrutura social pode ser apropriada, vivenciada e legitimada nas relações familiares. Aqui, Ivone ocupa o lugar de poder e privilégio próprio da branquitude para exercer violências intrafamiliares. A hierarquia e as violências raciais já vividas por Fernando e Mariana no exterior são repetidas no interior do espaço familiar, nas situações cotidianas, no pentear do cabelo, no vestir as roupas. A relação de Ivone com o marido e a filha, em vez de ser um vetor para desconstrução e reelaboração do racismo, é o espaço no qual ele é reposto, já que a raça e o racismo modulam os vínculos afetivos da mãe. Apesar dessa entrevista não apresentar dados suficientes para interpretar as razões pelas quais Ivone, uma mulher explicitamente racista, escolhe se relacionar com um homem negro e posteriormente gerar filhos dessa relação, é possível perceber, pela fala de Mariana, que há nessas escolhas de Ivone uma possibilidade de exercer um poder que ela não encontra fora das relações intrafamiliares, ou seja, o discurso da branquitude aparece como um dos únicos dispositivos de poder para uma mulher muito vulnerável à situação de pobreza e à discriminação de gênero como apontado anteriormente, acerca da condição de ter sido expulsa de casa por ser "mãe solteira". Nessa mesma direção, a própria filha constrói uma hipótese sobre as razões da mãe para escolher parceiros afetivo-sexuais negros.

> *O estranho é que minha mãe só se relaciona com homens negros. O pai da minha irmã mais velha também era negro, e os outros homens que ela teve depois do meu pai são todos negros. Acho que ela se relaciona com homens negros porque ela se sente superior a eles. É uma forma de*

ela dizer que é superior àqueles homens. Eu não consigo achar outra relação. Porque o racismo que a minha mãe cometia com a gente, não é um racismo jocoso à brasileira, de mentalidade, sabe? Aquele racismo despercebido. Ele era violento. Ele se expressava de uma forma muito violenta. Então ela demonstrava que tinha raiva. E, nessa época nós éramos uma família muito pobre, miserável mesmo e, às vezes eu tento entender um pouco a minha mãe, eu tento teorizar, usar a minha formação para teorizar sobre esses assuntos, porque, quando eu era criança, quando ela não estava trabalhando, nós éramos pedintes, então a gente pedia, ia à casa de algumas pessoas que eram conhecidos da minha mãe para pedir comida; ela era uma mulher — hoje eu sei — que era muito depressiva por causa dessa situação de miséria.

As hipóteses de Mariana sobre as escolhas da mãe nos levam ao sociólogo W. E. B. Du Bois, quando ele apresenta uma dinâmica que entrelaça as categorias de raça, classe e status para compreender o porquê de os trabalhadores brancos e pobres aceitarem a raça e o racismo como divisores da classe trabalhadora norte-americana. Para ele, essa foi uma forma de apropriação de benefícios. Du Bois nomeia esses benefícios de "salário público e psicológico da brancura", e explica que resultavam em acesso a bens materiais e simbólicos que os negros não podiam compartilhar.[2] Ou seja, os brancos pobres, ao aceitarem a raça como um divisor, aproximam-se dos brancos de todas as outras classes sociais, dividindo com eles os mesmos acessos a lugares públicos, simbólicos e, portanto, o status dado à branquitude. No caso da família de Mariana, a branquitude concede a Ivone um status dentro das relações interpessoais com negros que ela não alcança em decorrência da condição de classe no mundo exterior.

Na mesma direção, Frantz Fanon, filósofo e psiquiatra, autor de *Pele negra, máscaras brancas*, propõe que o racismo próprio da estrutura da colonização produz efeitos psicossociais em brancos e negros. No caso de pessoas negras, a consequência seria uma não aceitação de sua autoimagem e cor, o que resultaria em um "pacto" com a ideologia do branqueamento. A construção do que o autor chama de máscaras brancas, portanto, começa na rejeição do negro de si próprio e uma tentativa de fuga das características estereotipadas associadas negativamente aos não brancos na sociedade ocidental. Fanon também afirma que o mesmo racismo internalizado pelos negros também é subjetivado pelos brancos, embora em uma relação assimétrica, na constituição das identidades raciais brancas.[3] O resultado, no tocante ao funcionamento da categoria raça, seria um sentimento de superioridade dos brancos em relação aos negros, tal como Mariana descreve o caso da relação de seus pais.

Contudo, a hipótese de que se relacionar com negros colocaria Ivone em um lugar de superioridade no interior da dinâmica familiar não é o suficiente para compreender como uma mulher explicitamente racista optaria por se relacionar somente com homens negros. O "racismo aversivo" seria, nesse sentido, impeditivo para uma aproximação sexual. Assim, é preciso pensar nos estereótipos construídos no Ocidente a respeito do comportamento sexual e matrimonial de homens e mulheres de diferentes grupos raciais, tais como: a virilidade e masculinidade dos homens negros,[4] a pré-disposição desse grupo à escolha de parceiras brancas,[5] a sub-representação de mulheres negras no "mercado matrimonial",[6] a erotização exacerbada da mulher negra[7] e a "angelicalidade" e ideal de beleza como um valor para mulheres brancas.[8]

Nessa perspectiva, a ideia apontada por Fanon de que o negro representaria, por meio da dicotomia entre cultura e natureza construída no Ocidente, o homem primitivo, hipersexualizado, viril e canibal, no qual as fantasias eróticas femininas poderiam ser mais facilmente realizadas, talvez seja a chave para compreender a forma objetal dos relacionamentos de Ivone. Por esse ângulo, Mariana relata que a única lembrança de uma associação "positiva" feita pela mãe relacionava a figura do homem negro a uma possível performance sexual.

> Tinha alguma coisa positivada que ela falava sobre negros?
> *Não. Ou melhor, sim. Quando aparecia um homem negro, quando ela fazia um elogio era sempre de uma forma muito sexualizada.*
> Você consegue lembrar alguma situação?
> *Ah, ela falava: "Nossa, que gostoso! Nossa! Esse deve ser bom!". Ela falava assim.*
> Na frente do teu pai ou não?
> *Às vezes, sim. Às vezes sim... Não lembro exatamente, mas ela falava essas coisas quando a gente era muito criança também, mas eu me lembro, sabe. Até recentemente ela faz isso. Meus pais são separados há quinze anos, e hoje ela é casada, mora junto com outro homem, negro também, e continua chamando a menina, sobrinha dele que mora com eles, de macaca.*

Ainda que seja apenas uma hipótese de que Ivone se relacione com negros por causa dos estereótipos sexuais e do fetiche, arrisco dizer que essa posição entre desejo e dominação apresentada por Mariana sobre a relação de sua mãe com o homem negro, em particular com seu pai, se apresenta tal qual a construção estereotipada ambivalente que se fez do negro no Ocidente. A respeito dessa ideia, Homi K. Bhabha afirma que:

> O negro é ao mesmo tempo selvagem (canibal) e ainda o mais obediente e digno dos servos (o que serve a comida); ele é a encarnação da sexualidade desenfreada e, todavia, inocente como uma criança;

ele é místico, primitivo, simplório e, todavia, o mais escolado e acabado dos mentirosos e manipulador das forças sociais.[9]

Concordamos com Bhabha quando ele afirma que o ato de estereotipar não é apenas a construção de uma "falsa imagem", mas um

> texto muito mais ambivalente de projeção e introjeção, estratégias metafóricas e metonímicas, deslocamento, sobredeterminação, culpa, agressividade, o mascaramento e cisão de saberes "oficiais" e fantasmáticos para construir as posicionalidades e oposicionalidades do discurso racista.[10]

Ou seja, Ivone, ao se relacionar com negros, sobrepunha suas fantasias e projeções racistas construindo posições para cada membro da família não pelo que de fato esses sujeitos poderiam vir a ser, mas a partir de lugares sociais pré-concebidos pelo discurso racial vigente em nossa sociedade, repetindo assim, no interior da família, todas as hierarquias e as violências raciais existentes no tecido social brasileiro.

O RACISMO FAMILIAR E A CONSTRUÇÃO DA IDENTIDADE RACIAL DE MARIANA

O fato de nascer e se constituir no interior de uma família em que as hierarquias raciais da estrutura social foram internalizadas e legitimadas como posições de superioridade (branco) e inferioridade (negro), respectivamente pela mãe e pelo pai, ou seja, por aqueles que foram os primeiros "outros" responsáveis pela socialização primária, estabeleceu também os primeiros referenciais sobre o que é ser negro e, portanto, sobre a construção da negritude em Mariana. A estudante relatou diversas lembranças de violência racial no convívio com sua família nuclear e também com a família estendida. A seguir, escolhemos algumas passagens sobre o processo de constituição da identidade racial da entrevistada.

E o que é ser preta para você? O que isso significa?
Para mim, ser preta dói. É uma coisa que não está bem resolvida porque me traz muitas lembranças doloridas... Era muito confuso, porque minha mãe me agredia, ela dizia essas coisas pra mim, e algumas vezes eu chorava, e eu tinha muita raiva, então, imagina, eu ficava pensando: nossa, por que eu sou parecida com o meu pai? Eu tinha muita raiva de mim. Eu tinha muito ódio de ter nascido negra, muita raiva. Eu não conseguia me olhar no espelho.
E como era a relação de você com seu pai?
Era bem distante. Ele era uma figura asquerosa, porque eu via aquele homem que bebia, que era preto, que a minha mãe dizia que eu era igual, que eu era feia como ele. Fedida. Ela me chamava de "fedida", de "sovaco fedido". Era uma coisa que eu via e falava: eu sou igual a ele. Não queria nem chegar perto. Teve uma fase que eu tinha muita raiva dele. Achava que era por causa da bebida, mas hoje eu sei que não é isso, era a questão racial mesmo.

Heloisa Szymanski aponta que é na família que a criança inicia o processo de aprender o modo humano de existir.[11] É no interior dela que o mundo adquire significado e a criança começa a se constituir como sujeito. Os primeiros referenciais para a constituição da identidade são criados nas trocas intersubjetivas construídas pelos vínculos familiares (e a qualidade deles). Para a autora, a criança, ao nascer, já encontra um mundo repleto de significados construídos pela sociedade e internalizados idiossincraticamente pela família, que, por sua vez, também carrega uma própria significação do mundo. Esses significados se apresentam impregnados de valores, hábitos, mitos, pressupostos, formas de sentir e de interpretar o mundo; definem diferentes maneiras de trocas intersubjetivas e, consequentemente, tendências na constituição da subjetividade. Nessa perspectiva, é possível dizer que os significados negativos sobre ser "negro" adquirem um lugar central na forma de construção dos vínculos familiares e, portanto, Mariana se constituiu como negra odiando a si mesma, bem como odiando aquele de quem ela herdou o fenótipo negro: o pai.

A violência racista vivida por Mariana se estabelece diretamente por meio da desqualificação do corpo negro. É na cor, no cabelo e no nariz que o ódio racial de Ivone se concretiza e, dessa forma, o corpo é impedido de ser pensado por ela como local e fonte de prazer. Ao contrário, torna-se um corpo odiado, visto como foco permanente de ameaça de dor e de morte.

O psicanalista Jurandir Freire Costa aponta que a violência racista estabelece, por meio do preconceito de cor, uma relação persecutória entre o sujeito negro e seu corpo, desmantelando um dos componentes fundamentais para a saúde psíquica na construção de sua subjetividade, a saber: é necessário que o corpo seja predominantemente vivido e pensado como local e fonte de vida e prazer.[12] A violência racista produz exatamente o oposto, como nos mostra Mariana:

> *Eu era uma criança que dormia com pregador no nariz. Porque a minha mãe dizia que o meu nariz ia afinar. Eu fazia. Fiz algumas vezes: colocava o pregador no nariz para ver se o nariz afinava. Eu lembro que pedia tanto para, sei lá! Deus, eu acordar um dia igual a ela. Eu queria tanto ser igual ela, eu queria tanto ter um cabelo liso, ter olhos verdes. Eu não entendia porque eu tinha nascido igual ao meu pai, eu achava que era um castigo.*

É difícil imaginar o quanto o próprio corpo de Mariana foi violentado nesse processo de constituição. Contudo, suas lembranças deixam evidente que o corpo tal como ele é está interditado de ser significado como belo. É preciso embranquecê-lo para que ele seja aceito. Dormir com um pregador, nesse caso, parece ser menos violento que existir no mundo com o nariz tal como ele se apresenta. E ainda, como aponta Jurandir Freire Costa, o racismo e a violência racista nos primeiros anos de vida, vindo exatamente daqueles que inserem a criança no mundo dos significados — nesse caso a mãe —, levam o sujeito negro a desejar, invejar e projetar um futuro identificatório antagônico em relação à realidade de seu corpo e de sua história racial e pessoal. Todo ideal identificatório do sujeito negro que é violentado converte-se, dessa maneira, num ideal de retorno ao passado fictício, no qual ele poderia ter sido branco, ou na projeção de um futuro interditado, no qual seu corpo e identidade negros deverão desaparecer. Não à toa Mariana pedia a Deus para um dia acordar igual à mãe e se sentia castigada ao se ver identificada racialmente com o pai em sua imagem no espelho.

Com base na psicanálise lacaniana, Isildinha Baptista Nogueira propõe um modelo dos processos psíquicos atinentes à dominação racial que envolveria o ideal do Eu branco — como efeito psíquico da ideologia do branqueamento — e também a dissociação narcísica da imagem do corpo.[13] A falta de brancura seria vivida pelo negro como privação e o branco seria visto como detentor daquilo que lhe falta. Assim, para o negro, a experiência cotidiana do racismo daria base para a recusa de seu corpo.

A autora parte da concepção do corpo como unidade significante e, dessa forma, quando o sujeito negro toma consciência da existência do racismo, tenderia a recusar seu próprio corpo, já que o sujeito se constitui psiquicamente por meio do olhar do outro, nesse caso, o olhar racista da mãe Ivone. Assim, pode-se dizer que Mariana, nesse confronto, deparou-se desde seu nascimento com um olhar que reconheceu nela o significado negativo que a pele negra carrega historicamente, tais como os relatos atestam. Nessa perspectiva, não é de espantar que o sentimento de alívio apareça, tanto na fala de Mariana quanto na tentativa da mãe de amenizar a dor causada, não com a valorização da negritude, mas com o afastamento de Mariana das características que Ivone atribuía como negativas:

> *É muito louco, porque até quando a minha mãe tentava me defender, quando ela me xingava, eu chorava, ela dizia — de alguma forma aquela mulher se apiedava e dizia para mim: "Não fica assim, 'macaco' é seu pai! Macaco é ele, você não é não, você é mais clara! Quando você crescer, eu vou arrumar o seu cabelo, você vai ver".*

A fala de Ivone se assemelha ao que já foi apontado anteriormente na família Alves, em que o amor se faz possível a partir da negação da negritude daquele que se ama. Ou seja, para que Ivone pudesse qualificar seu vínculo com a filha pela via do amor, era preciso que a negritude fosse apagada ou amenizada. O recado passado de mãe para filha nessa mensagem é: se você embranquecer, será amada. Concluímos que Mariana cresceu num ambiente em que, para ser valorizada, era necessário desvalorizar suas raízes negras: o pai e o corpo (nariz, cor e cabelo).

Ainda, pensando nos processos de identificação de Mariana e na sua constituição como sujeito, é fundamental pensar na figura do pai e o modo pelo qual ele mesmo se identificava como negro a fim de entender a forma pela qual Mariana aprendeu a ser negra. Daí, então, compreender todo o trabalho e o processo doloroso no qual ela se encontrava durante a entrevista para possibilitar a desidentificação com as formas com que foi inscrita no mundo. Mariana relata vários momentos em que o pai se sentiu rebaixado por ser negro e que, devido à sua história e posição no mundo, não conseguiu se contrapor às adversidades, ao contrário, como já mencionado antes, pactuava com o lugar dado a ele, como nos mostra o depoimento a seguir.

A família da minha mãe sempre foi muito racista nas piadas com o meu pai; os apelidos dele, ele era chamado de "fumaça"; sempre que tinha uma reunião familiar o meu pai era alvo das piadas, sempre piadas racistas, e ele ria. Ele ria, ele abaixava a cabeça, porque "era assim mesmo". Então, eu sempre [pensava]: "ah, então ser preto é assim, é como o meu pai faz, é aceitar as piadas, a gente é assim mesmo, a gente é feio mesmo, a gente é... É do jeito que esses brancos falam".

Uma das características do processo de identificação de Mariana com o modo pelo qual o pai se relaciona com a negritude é demonstrado por ela por meio da expressão de um sentimento negativo sobre ser negra, mas, além disso, ela inconscientemente repetiu e colocou em ato essa posição subalterna. Mariana conta um episódio de quando já estava na graduação. Em uma discussão sobre temas raciais em que ela se viu rebaixada pelos colegas da turma, embora estivesse consciente das questões envolvidas, não conseguiu agir de outra forma a não ser repetir o modelo apresentado pelo pai:

Eu lembro que uma das meninas da sala — que era uma daquelas meninas "tops", todos queriam ficar com ela — disse: "então, os próprios... (ela falou aquela frase clássica!) Ah, os próprios negros têm vergonha de ser negros. Os próprios negros aceitam esse lugar de inferior". Pode ver: "as negras da sala estão com o cabelo alisado" — que era eu e outra. Agora, olha só: te contei a história do meu cabelo, olha o que ela falou para mim naquele momento?! Quase chorei na sala, mas me segurei. Só consegui fazer igual o meu pai me ensinou: naquele dia eu me curvei, baixei a minha cabeça e não falei mais nada. Então foi muito dolorido.

O CABELO COMO PASSAGEM: DO SOFRIMENTO AO RECONHECIMENTO

Em várias passagens Mariana narra a humilhação racial sofrida através de ataques ao seu cabelo. Contudo, é a partir da mudança de significado dado a ele que ela nos conta sobre uma possível e ainda dolorida valorização da negritude, e de sua constituição identitária a partir dele. Nilma Lino Gomes destaca o papel desempenhado pela dupla "cabelo e cor da pele" na construção da identidade negra e a importância deles — sobretudo do cabelo — na maneira como o negro se vê e é visto pelo outro.[14] O cabelo representa uma forte marca identitária e, em algumas situações, continua sendo visto como marca de inferioridade. Conforme apontou Mariana:

Com a minha família estendida eu via que tinha alguma coisa, e ali já era um racismo mais jocoso, que eu via que tinha alguma coisa errada, os meus primos brancos, porque eu me lembro de uma coisa que eles sempre faziam comigo: eles faziam uma roda... e o meu irmão também participava disso. Eles faziam uma roda e puxavam, porque a minha mãe não tinha paciência para cuidar do meu cabelo... o meu cabelo sempre era armado, ela amarrava, ela estava com preguiça de arrumar e botava uma touca. Às vezes, estava um calor insuportável e eu tinha que ficar com aquela touca para esconder o cabelo. E estou falando dos meus quatro, cinco anos; eu me lembro que eles faziam uma roda e puxavam a touca e o meu cabelo aparecia enorme, e ficavam me empurrando de um lado para outro nessa roda e rindo do meu cabelo; "olha que cabelo ruim", "olha que cabelo de Bombril" e ninguém me defendia; nem os adultos quando viam.

Essa passagem nos remete a diferentes aspectos da vida de Mariana, mas também do funcionamento do racismo brasileiro. Primeiro, nos mostra a violência racial por negros que compõem laços familiares com brancos que se apropriaram dos significados sociais racistas. Segundo, demonstra como a raça pode aparecer como um fator divisório mesmo entre aqueles que têm laços sanguíneos, como a mãe e os primos. E, por último, aponta o cabelo como representante de toda uma situação racial de humilhação vivida no cotidiano de pessoas negras brasileiras.

Sobre a inserção de negros em famílias ampliadas de brancos, esta pesquisa apontou que todos os entrevistados — e não somente Mariana — viveram alguma situação de racismo na família ampliada do membro branco, ou seja, a raça é categoria divisória até mesmo nas redes e "solidariedades" típicas de famílias. Aqui talvez possamos pensar que, tanto a ideia imaginária do conceito de raça, racismo e mestiçagem, quanto as concepções fantasiosas sobre família derivadas da ideia de raça são responsáveis por essa divisão entre os sujeitos de uma mesma família. Primeiro, porque a própria ideia de raça foi construída em seus primórdios a partir de uma pseudociência que alegava que a raça era um fator biológico e, portanto, transmitida hereditariamente. Assim, nessa concepção, pessoas de uma mesma família deveriam ter os "traços" fenotípicos similares e que, para isso se efetivar, o racismo tinha em suas bases a proibição de relações sexuais/amorosas entre diferentes grupos raciais, sendo a mestiçagem entendida como degeneração da raça branca. Até hoje em dia, o imaginário social representa os membros de uma família como fenotipicamente similares. Por isso, no conjunto das entrevistas, frases como "achavam que meu filho era adotado" ou "pensavam que eu era a babá de minha filha" foram constantes nas falas de mãe branca com filho negro ou mãe negra com filho branco. Isso mostra, precisamente, que a diferença de cor em pessoas de uma mesma família representa, no imaginário social, uma quebra dos laços sanguíneos. O fato de Mariana ser negra pode ter sido um fator para que os próprios primos construíssem com ela uma relação violenta em vez de laços fraternos. Em outras palavras, nesse caso a raça e o racismo foram o próprio fator para a construção de vínculos violentos.

Ainda na fala anterior, podemos entender que o cabelo crespo foi o objeto gerador de inúmeras violências vividas e narradas por Mariana. O cabelo crespo não pode ser considerado apenas como dado biológico/fenotípico, mas o objeto simbólico em que se ancora a construção social, cultural, política e ideológica, tanto do racismo brasileiro como da produção da identidade branca padrão idealizada pela população negra brasileira. Assim, ele é o ícone da desvalorização da identidade negra, como narrado por Mariana em diversas situações de humilhação, e também a possibilidade de ressignificação da negritude, como aponta Mariana:

> *Aí, teve um dia que eu dei um basta! Eu já estava na fase final da graduação, eu emendei a graduação com o mestrado, e aí no último ano da graduação eu comecei a dar aulas. Eu tinha uma aula sobre "imposição da estética", a cobrança estética que a mulher tem — de como a gente tem que se aproximar dos padrões sociais. Eu peguei um texto que falava sobre a "Barbie humana", de como... mulheres que estavam se modificando para entrar em um padrão que é loiro, branco... e a aula foi um discurso lindo, só que uma aluna negra olhou para mim e — porque eu falei sobre como nós somos induzidas a, por exemplo, negar a nossa negritude e passar por processos químicos e*

> não nos aceitar, alisar o cabelo, e o meu cabelo estava com química, estava alisado — e aí, uma aluna negra olhou para mim e disse: "Mas, professora, você também está com o cabelo alisado". E aí, eu tentei... falei: "Sim! Eu também me coloco nesta mesma situação!". Para a gente é bom, para refletir, eu fiz aquele jogo da professora, mas aquilo me doeu tanto, tanto, tanto... Eu disse: "Como eu vou chegar numa sala de aula para empoderar a minha aluna negra se eu também não estou conseguindo?". Naquele dia eu resolvi raspar o meu cabelo. Não cheguei a raspar, mas eu mesma cortei, fiquei com um dedinho de cabelo, assim, e falei: "Vou assumir o meu cabelo natural". Eu vou ter que entrar em contato com isso, com esse monstro que está me atormentando. E aí eu falei: "Chega!". Então, assim, o meu cabelo, inclusive hoje, eu ter o meu cabelo natural — e já tem alguns anos que tenho meu cabelo natural, e tem pouco tempo se for parar para pensar, uns três anos — remete a todas essas lembranças. Para mim foi um obstáculo que eu consegui vencer, de me olhar no espelho e ver o meu cabelo crescendo e achando bonito.

A palavra "monstro" parece significar diferentes aspectos da vida de Mariana: o racismo vivido na família, a representação negativa de sua cor, seu cabelo e seu corpo, o ódio da mãe por sua negritude e, principalmente, a internalização de todos esses significados negativos. O episódio exemplifica um processo longo e difícil de desidentificação dos lugares atribuídos às pessoas negras no seio de sua família. Contudo, não se trata de algo fácil. Mariana conta que isso foi possível a partir de um primeiro contato que ela teve com o rap:

> A questão da minha negritude teve várias fases, porque mesmo antes de entrar na universidade, quando eu era adolescente, eu tive contato com o rap. O Mano Brown para mim, ele foi tudo, eu comecei a ouvir o que aquele cara dizia e falava: "Nossa, é isso!". Ele cantava as coisas

que a gente vivenciava. Foi a primeira vez que ouvi alguém falando sobre a questão racial.

Foi a partir do rap que ela percebeu que vivia algo particular, mas também coletivo. Posteriormente, com a inserção na militância negra na universidade, Mariana foi ressignificando as próprias acepções a respeito de ser negra, podendo então entrar em contato com outras formas de existência. Essa inserção nos movimentos sociais, na estética negra, no entanto, não foi linear e sem conflitos. Para ela, a construção de uma identidade positiva da negritude ainda está em processo. Nesse sentido, podemos dizer que Mariana viveu e vive muitos dos processos que Ricardo Franklin Ferreira apontou em sua tese de doutorado como um modo de subjetivação da identidade de muitos negros militantes na sociedade brasileira.[15] Ferreira fala sobre o desenvolvimento de um processo de deslocamento do racismo subjetivado pelo negro para um senso positivo da identidade negra. Para ele, a constituição dessa identidade pode acontecer em quatro estágios: submissão, impacto, militância e articulação. O estágio de submissão corresponde à subjetivação e aceitação da ideologia do branqueamento construída em nossa sociedade. Nele, há uma desvalorização do mundo negro e os sujeitos negros se referenciam em valores brancos. Para o autor, a permanência nesse estágio pode causar sofrimento psicológico, pois o indivíduo tem a sensação de não se "encaixar" em nenhum grupo. Entretanto, se ele gradualmente toma consciência da desvalorização à qual está submetido, pode iniciar um movimento em direção a uma transformação, o que pode levá-lo ao estágio seguinte, o de impacto. Essa mudança, por sua vez, "não é determinada por um único fato, mas sim através do efeito cumulativo de uma sucessão de pequenos episódios vividos pela pessoa, levando-a cada vez mais a tomar ciência de ser rejeitada"[16] não pela sua personalidade, mas em função do racismo. Nesse estágio, ao se dar conta da realidade, do fato de que não é branco, o sujeito teria condições de sair do estágio de submissão e compreenderia que ser negro faz parte de sua constituição. É nesse ponto que ele começa usualmente a incluir aspectos da negritude em sua identidade e tem a possibilidade de passar para o estágio de militância, cuja característica é a adesão a movimentos sociais negros, à luta antirracista, à incorporação de signos e símbolos da negritude no corpo, assim como uma procura pela estética da negritude.

Pensando no processo de construção positiva da existência negra por meio da inserção em movimentos negros e da incorporação de símbolos da negritude no corpo, podemos dizer que Mariana, ao mudar o cabelo e se inserir nos movimentos sociais, está procurando se desidentificar da forma pela qual o pai e a mãe a ensinaram a ser negra. É evidente em seu discurso, no entanto, que não há um registro afetivo mnemônico familiar em que ela possa se amparar para construir um sentimento positivo do que é ser negra. Por essa razão, o processo de tornar-se consciente do racismo não é suficiente para uma mudança radical na forma como ela sente o que é ser negra. Isso se revela ao final da entrevista:

Perguntei no começo o que é para você ser negra. Você falou algumas coisas, mas você falou que "preto dói". Você consegue, hoje, depois desse processo todo, pensar em algo que é positivo em "ser preto"?
É... A terapia hoje me ajudou. Faço terapia para inclusive lidar com essas questões, eu só consigo ver o lado positivo ainda no social, no campo público, de luta, de dizer: "Ah, não, eu vou lutar pelos meus ancestrais, eu vou lutar pela minha família para que a gente tenha acesso aos direitos que nos foram negados, a humanidade que nos foi

negada". Mas eu vou ser muito sincera com você: no campo privado, é muito difícil ainda para mim. É muito difícil. Estou trabalhando isso na terapia e eu sei que vou conseguir um dia me olhar no espelho e não ver aquela criança que eu fui. Porque, ainda hoje, quando eu olho no espelho no campo privado, eu vejo aquela criança que eu fui, ainda dói. Eu não consigo me livrar disso ainda. É muito doído. É muito doído... Mas eu vou ver, eu vou conseguir.

Essa fala ressalta como os processos primários, a forma como a família nos inscreve no mundo, constroem nossas subjetividades e que, mesmo com processos conscientes de se desidentificar do lugar que nos é dado logo que chegamos ao mundo, a criança que fomos diz muito sobre o que nos tornamos. No caso do racismo vivido dentro da família, escolhemos o caso de Mariana para falar de muitas outras Marianas que nos deram depoimentos em outros momentos da pesquisa e que nos mostraram quão prejudicial pode ser nascer em uma família inter-racial na qual o racismo e a ideologia do embranquecimento fazem parte do cotidiano. É possível dizer, portanto, que raça e racismo são componentes que modulam e qualificam a forma com que se constroem os vínculos familiares na casa de Mariana.

A narrativa de Mariana, apresentada em pequenos recortes, nos mostra diferentes aspectos em que o racismo foi legitimado e atualizado no microcosmo familiar, revelando a ela, desde pequena, as hierarquias raciais de nossa sociedade. A entrevistada elabora, de maneira bastante eloquente, como o racismo a impediu de ter uma relação de amor e acolhimento com sua mãe, pai, primos e avós maternos. No entanto, mesmo que o racismo tenha interditado as expectativas que a instituição familiar tem para Mariana, ela sabe que existem outras formas de se construir como negra dentro de uma família, que podem proporcionar aos seus membros acolhimento e proteção, pois sua última fala aponta justamente para o desejo de "fazer diferente":

> *Gostaria muito de ser mãe. Acho que vai ser uma forma de eu exorcizar a fala da mãe que eu tenho. Um dia eu vou ter um filho preto também! E vou educá-lo para que ele se ame.*

Da democracia racial à descoberta do mito: o encontro com o racismo na vida do outro

> *Cada um descobre o seu anjo tendo um caso com o demônio.*
>
> Mia Couto, *Um rio chamado tempo, uma casa chamada terra*

A família Albertini é formada pelo pai, Guilherme, 75 anos, que se autoclassifica como moreno, é natural de Minas Gerais, veio pequeno para São Paulo, e nomeia seus pais como descendentes de negros e portugueses; a mãe, Jussara, 66 anos, que se autodeclara branca, é natural de São Paulo com mãe de ascendência italiana e alemã e pai, portuguesa; os filhos Dulce, 37 anos, e Daniel, 35 anos, se autodeclaram negros, e José, 28 anos, se autodeclara branco. Os três são casados com pessoas que se autodeclaram negras. Os Albertini são uma família que repete a configuração mais encontrada entre os casais inter-raciais do Brasil, de mulher branca e homem negro, e todos se entendem como pobres. Nenhum tem curso superior. Jussara é dona de casa e Guilherme trabalha como marceneiro — mas já atuou em fábrica no ABC paulista. Dulce trabalha de secretária em uma clínica médica, Daniel é motorista em uma empresa de vendas, e José estava desempregado na época da entrevista. As entrevistas aconteceram na casa de Jussara em Santo André. Na primeira, estavam presentes o casal e os filhos, e na segunda, apenas a mãe e os filhos.

O MITO DA DEMOCRACIA RACIAL E O SOFRIMENTO NÃO DITO

Uma das primeiras perguntas que faço aos entrevistados é como e onde o casal se conheceu, e se a raça ou cor foi uma questão naquele momento. Guilherme e Jussara afirmaram que a cor não apareceu como impeditiva nem preferencial. Na época, os dois tinham um discurso que na teoria racial é chamado de *color blind* [cegueira racial]. Ou seja, tinham a ideia de que, para ser antirracista ou para não parecer preconceituoso, é preciso ignorar por completo a ideia de raça e a cor de alguém, já que a raça não diz nada do ponto de vista moral, intelectual ou social de uma pessoa. Tratar alguém como igual e com respeito, para esse discurso, implica ignorar totalmente a raça, já que ela não é significativa na proporção de seu caráter, na construção de suas habilidades e talentos e nem na sua capacidade de fazer contribuições sociais valiosas.[1] Nesse sentido, podemos pensar que a cegueira racial é um componente necessário para o que, no Brasil, vem sendo chamado de "ideologia da democracia racial", a qual, segundo Antonio Sérgio Alfredo Guimarães, traduz-se na ideia de que

> o Brasil é uma sociedade sem "linha de cor", uma sociedade sem barreiras legais e culturais que impedem a ascensão social de pessoas "de cor" a cargos oficiais ou a posições de riqueza ou prestígio e que produz relacionamentos interpessoais igualitários entre brancos e negros.[2]

Podemos dizer que Guilherme e Jussara foram socializados com essa ideia de democracia racial e que, portanto, foi esse imaginário que os aproximou um do outro sem que a raça aparecesse como uma interdição:

GUILHERME: *Eu nunca tive problemas, acho que isto não existe no Brasil, antes de namorar a Jussara eu tive outras mulheres de tudo que é tipo, morena, branca e até japonesa, porque aqui em São Paulo quando eu cheguei tinha muito baile, né? E a gente casou eu já tinha passado dos vinte, né? Então namorei bastante, acho que cor nunca foi uma questão nem para casar e nem para trabalhar. Nunca tive preferência. Com a Jussara o pai dela só queria saber se eu ia dar conta de sustentar a família.*

JUSSARA: *A gente se conheceu num baile, eu achei o Guilherme um homem atraente, ele dançava muito bem, era um homem forte, grande, bonito, muito educado. Naquela época eu não via este negócio de cor, não tinha diferença pra mim. Não pensava em racismo. E meu pai era daqueles italianos bravos. Então ele foi muito duro com o Guilherme, mas não era racismo não, era mais este negócio de conversa de homem com homem.*

Logo após essa resposta, Guilherme saiu da sala para atender o interfone. Jussara e Dulce então me disseram que não podiam falar na frente de Guilherme, mas que não era verdade que ele nunca tinha passado por racismo. Elas percebiam o racismo sofrido por ele o tempo todo. Perguntei por que não podiam falar na frente dele, e Dulce me respondeu: "é para não contrapor, já que ele acredita nisto. Nesta idade, é melhor continuar acreditando para não sofrer". Naquele momento percebi que o discurso de Jussara não era realmente o de cegueira racial, mas que ele servia para a manutenção da harmonia da família ou ao menos para a proteção de Guilherme. Depois disso, Guilherme voltou à sala e continuei a entrevista. Então as respostas de Jussara e dos filhos adquiriram um tom tenso e pouco espontâneo. Guilherme continuou a responder às perguntas sempre com um discurso de que no Brasil havia igualdade de oportunidades, de mérito e que quem era trabalhador conseguia chegar aonde queria, que brancos e negros se casavam e que, por fim, são todos misturados. Ao ser perguntado se já havia sofrido racismo na vida, ele atribuiu o racismo de uma história a uma competição masculina:

> *Uma vez fui barrado para entrar em um baile em uma cidade lá de Minas Gerais. O segurança disse que eu não podia entrar porque eu era negro. Fiz um escândalo, disse que ia entrar e depois um amigo meu branco passou e disse que eu estava com ele, e logo entrei. Quando estava lá dentro, percebi que o segurança estava de olho na moça que estava comigo na época, então acho que não era racismo, né? Ele queria me ver fora da jogada.*

Nesse depoimento é possível identificar um mecanismo de defesa que faz com que ele negue o racismo vivido, mas não por completo, pois, caso acreditasse de fato que foi apenas uma "disputa masculina", essa resposta não seria dada exatamente diante de uma pergunta direta sobre racismo. Como foi apontado pela mulher e pela filha, há nesse não dito uma proteção contra a dor do racismo. Nessa mesma direção, podemos pensar que sua autodeclaração de moreno é uma forma de, como aponta Eliane Silvia Costa, "amenizar os efeitos deletérios historicamente propagados pelo racismo, já que, no Brasil, trata-se de uma palavra definidora de uma identidade ideologicamente aceitável, ou quase".[3] Para a autora, do ponto de vista dos processos intersubjetivos, a ideologia opera por meio de alianças psíquicas que emolduram os sujeitos e seus grupos. Ela entende, como hipótese teórica, que no Brasil muitos que se autodeclaram morenos o fazem por meio de alianças defensivas inconscientes contra o racismo para amenizar suas dores. Tais alianças são apontadas como possibilidades de os sujeitos se organizarem inconsciente e positivamente quanto a conteúdos psíquicos toleráveis e, ao mesmo tempo, de modo defensivo a partir de renúncias do que é insuportável.[4]

Outra hipótese possível para Guilherme não reconhecer o racismo sofrido na frente dos filhos e da mulher — não sabemos dizer se ele reconheceria as vivências racistas se tivéssemos apenas os dois — é a de que silenciar as dores na frente dos filhos tem também a função de preservar os ideais sociais de paternalidade e de masculinidade, já que admitir as dores significaria um rompimento com a imagem de força e controle próprias do ideal masculino. Assim, "não dizer" pode ter sido a solução encontrada para lidar com a ferida narcísica e a angústia que o racismo desencadeia.

Além disso, o discurso de Guilherme é representativo de uma geração de brasileiros que foram socializados com o ideal da democracia racial. Qualquer rompimento com esse pacto poderia acarretar mais sofrimento do que o tolerável, ainda mais em uma época em que falar de raça era interpretado socialmente como um discurso racista. Isto é, a ideologia da democracia racial evitou a constituição da raça como princípio para articulação e produção de identidade coletiva e ação política, ou como aponta Carlos Hasenbalg:

> A eficácia da ideologia racial dominante (democracia racial) manifesta-se na ausência de conflito racial aberto e na desmobilização política dos negros, fazendo com que os componentes racistas do sistema permaneçam incontestados, sem necessidade de recorrer a um alto grau de coerção.[5]

A entrevista prosseguiu com o depoimento dos filhos, que falaram pouco. Enquanto Guilherme sustentava o ideal de um Brasil não racista, Jussara discordava em alguns momentos, com gestos. Fiquei curiosa para entrevistar Jussara e os filhos em outro momento, já que o discurso de Guilherme era bem conhecido no imaginário social brasileiro. Pensei também sobre o porquê da discordância de Jussara não se traduzir em palavras, e se aquela proteção com relação ao marido também seria um mecanismo de manutenção da família. Após dois dias da entrevista, liguei para Jussara e perguntei se ela e os filhos poderiam me dar outra entrevista, pois eu sentira que havia conteúdos ali ainda represados. Ela rapidamente aceitou e marcamos um horário em que Guilherme não estaria em casa.

O SILÊNCIO E A MANUTENÇÃO DA FAMÍLIA

Na segunda entrevista, a família parecia estar mais à vontade para falar de raça. Sem a presença de Guilherme e logo de início, Jussara e os filhos teceram comentários referentes ao encontro anterior que, além de mostrarem um pouco da dinâmica racial familiar, ofereceram pistas para entender o porquê do silêncio deles diante do pai.

Daniel foi o primeiro a mencionar o pai em tom de proteção, mostrando que as lacunas do dizer racial dele eram importantes para mantê-lo em um lugar de provedor de família, deixando intactos os ideais de masculinidade e paternidade necessários para sustentar a organização de uma estrutura familiar tradicional.

Na adolescência, a gente começou a ir nos bailes blacks aqui da cidade e tanto eu como meus irmãos começamos a ouvir rap e falar de racismo, e eu lembro que um dia meu pai chegou e contou que, quando chegou em São Paulo de Minas Gerais, os conhecidos pretos dele falaram que preto tinha que casar com preto e que tinham que se unir, e ele me disse que aquilo era bobagem, se ele tivesse ouvido aquilo, nunca teria conseguido um emprego bom, casado com minha mãe e não estaria bem inserido na sociedade. Acho que ele viu que o povo preto é o mais pobre e o que mais sofre e não quis se associar àquilo.

A fala de Daniel aponta para várias direções. Irei me ater, no entanto, à associação de que a consciência racial e a mobilização política por meio da raça impediriam três aspectos fundamentais da vida de seu pai: o emprego, o casamento e a inserção social em territórios onde a maioria é branca. De fato, a constatação de Guilherme não é necessariamente falsa, já que sabemos que a denúncia do racismo constante no cotidiano brasileiro nunca foi bem recebida pela maioria das pessoas brancas de nossa sociedade, uma vez que, ao se dar conta do racismo, rompe-se com os ideais de meritocracia e igualdade de oportunidades para todos.[6] É interessante pensar que o bom emprego[7] foi condição necessária para o casamento, como apontado na primeira entrevista na fala de Guilherme, sobre a exigência do sogro para o casamento. O casamento e o emprego, no imaginário de Guilherme, foram pressupostos para uma inserção social que seria impossível de se alcançar naquela época, não fosse pelo silêncio e pela negação do racismo.

Pode-se dizer que essa negação foi o meio que Guilherme encontrou de estar em alguns lugares sociais sem conflito, tal como o "ideal de democracia racial" postulado por Antonio Sérgio Alfredo Guimarães.[8] No entanto, fica a pergunta: por que os filhos e a mulher pactuam com o silêncio dentro de casa, uma vez que, sem a presença do pai, eles se posicionam de maneira oposta?

O fato da família Albertini representar um modelo bem próximo daquele que Belinda Mandelbaum nomeia como "organizações familiares tradicionais",[9] que, por sua vez, constitui-se por um casal heterossexual com funções sociais bem definidas e diferentes entre si — o homem como provedor econômico da família, pertencente à esfera pública, e a mulher como responsável pelos afazeres domésticos e pela educação dos filhos, circunscrita na esfera doméstica —, permite que uma hipótese para a singularidade desse caso seja formulada: no silêncio haveria um pacto de manutenção desse arranjo familiar, pois a enunciação das diferenças raciais colocaria na família uma quebra de hierarquias e um possível deslocamento das funções sociais, já que o homem, responsável nesse modelo pela proteção familiar, seria, no imaginário do pai e dos filhos, o responsável pelas vivências doloridas geradas pelo racismo. É importante lembrar que não é a cor de ninguém que produz o sentimento do racismo, mas a dominação racial.

Na estrutura social que vigora no Brasil, a condição da mãe é bem diferente dessa organização tradicional, na qual a mulher aparece como submissa a uma autoridade exercida pelo homem e pai. Sua brancura, em um desenho racial mais moderno, digamos assim, seria significada como um lugar de status e valor simbólico hierarquicamente "superior" ao do negro.

O silêncio da mãe e dos filhos, portanto, exerce, nesse caso, diferentes funções:

a) mantém o pai como autoridade superior à mãe — a partir das desigualdades de gênero advindas do machismo, perpetuando, assim, a estrutura social vigente das famílias tradicionais heteronormativas;

b) protege o pai psiquicamente de ter que lidar com as mazelas advindas do racismo; e

c) a raça não aparece como um divisor familiar, como aconteceu na história narrada por Mariana.

Mesmo com o discurso de democracia racial advindo do pai, no entanto, é perceptível que todos os outros membros da família — brancos e negros — escolhem não negar o racismo quando o pai não está presente. O que demonstra, de algum modo, que eles adquiriram consciência do racismo na estrutura social. Cabe a pergunta: como é que cada um deles adquiriu tal consciência, sobretudo os autodeclarados brancos?

DA DEMOCRACIA RACIAL À DESCOBERTA DO MITO: A ALTERIDADE COMO CONSCIÊNCIA RACIAL POSSÍVEL

Após o comentário de Daniel, perguntei a Jussara por que ela havia discordado tanto da fala de Guilherme. Perguntei, ainda, como enxergava a raça e o racismo na família e como ela mesma se pensava enquanto mulher branca nas relações com o marido, os dois filhos negros e o branco.

Jussara disse que se aproximou de Guilherme e se apaixonou por ele sem acreditar que existia racismo no Brasil. Naquela época, acreditava que todos tinham chances iguais, mas ao conviver com Guilherme, e depois com os filhos negros, foi percebendo muitas situações que desconhecia. Notou, então, sentimentos que, caso os filhos fossem apenas brancos, jamais teria experimentado. Em alguns momentos, Jussara diz que se percebeu racista, mesmo sem querer. Nesse sentido, ao contrário das famílias anteriores, a convivência com os sujeitos negros fez com que ficasse evidente para ela as desigualdades simbólicas associadas aos negros em nossa sociedade. Ao mesmo tempo que isso acontecia, Jussara elaborou para si maneiras opostas ao que antes nomeamos como "cegueira racial". Nos fragmentos a seguir, é possível observar que o convívio com os sujeitos negros foi o fator responsável por sua percepção e mudança de posição.

Logo que comecei a namorar, eu achava que gente era tudo igual, que tanto fazia o branco ou o preto, mas me dei conta que não era nada disso logo na primeira reunião de família que teve em casa e que Guilherme foi pedir permissão para namorar comigo ao meu pai. Minha família era bem italiana e tinha aqueles almoços demorados que todos falavam ao mesmo tempo. Lembro que fiquei com medo do meu pai não aceitar ele pela cor, e lembro de uma tia falar: "Esse precisa ser bem melhor que qualquer um, ele já é preto". E meu pai não gostou muito dele não, logo ali vi que não era igual a ser branco.

Com meus filhos, eu tinha muito medo deles serem confundidos com meninos de rua. Sempre arrumava muito eles e não gostava de ver o nariz escorrendo ou algo que eles parecessem sujos, queria proteger eles de tudo porque tinha medo deles sofrerem. Um dia eu quis alisar o cabelo da Dulce para deixar ela mais arrumadinha e aí eu vi que era um tipo de preferência, né? Meio racista, né? Eu mesma me perguntei por que só o liso é arrumado. Daí em diante, eu comecei a levar ela numa parente do Guilherme que fazia tranças e penteados para cabelos crespos.

Como afirmado na introdução deste livro, minha hipótese era de que o racismo presente na sociedade poderia ser desconstruído por sujeitos brancos a partir de vivências e afetos diversos e de forma particularmente intensa no interior de famílias inter-raciais. Contudo, isso só foi comprovado no caso de Jussara e José, pois, como vimos anteriormente, os membros brancos das famílias Alves e Gomes negaram a existência da negritude dos cônjuges como mecanismo de sustentação de um racismo velado. Já a mãe da Mariana legitimou o racismo no seio da própria família, sendo ele não arrolado como objeto de análise. Fica, então, a pergunta: Qual a diferença no caso de Jussara? Qual foi o componente que fez com que ela adquirisse essa sensibilidade para a percepção do racismo e se esforçasse para desconstruí-lo?

Seu depoimento demonstra que a convivência e a preocupação que tinha com seus filhos permitiram que ela se deslocasse de si e se projetasse no lugar do outro, voltando, então, a olhar para si. Ela percebeu a diferença de tratamento dado a Guilherme, mas também reparou que fazia a mesma diferenciação quando achava que o cabelo liso estaria mais arrumado, ou seja: ela adquiriu uma percepção não só do racismo do outro, mas daquele que ela mesma havia internalizado. Jussara também passou a notar que, ao se casar com Guilherme, sua vida familiar mudou, e que ela, por consequência, acabou vivendo situações em que foi obrigada a tomar uma posição, já que não se tratava mais do racismo vivido pelo outro distante e, sim, por sua própria família. Ela conta:

> *Eu me lembro de uma vez que uma irmã da minha mãe, que casou com um homem mais rico, ia casar a filha dela, e que a sogra dela ficou muito preocupada em nos convidar. Ela não sabia como explicar para a sociedade o que os negros estavam fazendo lá. Quem me contou isso foi uma outra sobrinha, e eu sei que no fim não fomos convidados.*

Pelo contato com o racismo vivido pelo outro, e sentido por ela mesma, a ideia de democracia racial se transformou para Jussara naquilo que os estudos de relações raciais, a partir do trabalho de Roger Bastide e Florestan Fernandes, nomearam como mito da democracia racial.[10]

A importância de pensarmos a função desse mito é que, conforme observado, ele ainda engendra as relações entre pessoas brancas e negras na sociedade brasileira, tal como nos apresentou a fala de Guilherme e de Jussara sobre o início de sua relação. É fundamental analisar o sentido do mito tal como propõe Marilena Chaui, em que a narrativa mítica "é a solução imaginária para tensões, conflitos e contradições que não encontram caminhos para serem resolvidos no nível da realidade".[11] A autora também descreve o mito em sua acepção psicanalítica, "como impulso à repetição de algo imaginário, que cria um bloqueio à percepção da realidade e impede lidar com ela".[12]

Assim, o mito da democracia racial tem uma função de esconder as tensões, mas, como qualquer outro, também produz realidades. É a partir dele que Jussara se aproximou de Guilherme e, paradoxalmente, foi a própria aproximação que fez com que ela tomasse a consciência de que a igualdade racial não passava de um mito.

DA CONSCIÊNCIA DO MITO À EDUCAÇÃO ANTIRRACISTA

Na segunda imersão na casa dos Albertini, ficou evidente que a mãe teve um papel fundamental para que Dulce e Daniel tivessem consciência do racismo estrutural da sociedade e constituíssem, assim, uma identidade negra positivada, além de aprenderem, desde pequenos, a se proteger de diversas violências. José, o filho branco, também demonstrou empatia racial com os irmãos, solidariedade às vítimas do racismo, consciência do valor simbólico da branquitude e uma crítica efetiva ao racismo.

Nessa direção, há na relação entre mãe e filhos uma construção conjunta — da qual o pai não participa — de desconstrução do racismo. Mais uma vez, os papéis de gênero das organizações familiares tradicionais parecem bem delimitados: cabe à mulher a responsabilidade de educar os filhos.

Lembro uma vez que cheguei da escola chorando porque uma menina tinha me dito que meu nariz era de batata. Minha mãe olhou para mim e disse: "Você é linda, seu nariz é lindo, seu cabelo é lindo! Não deixe que o outro decida quem você é".

Dulce completou dizendo que sua mãe, mesmo sem instrução escolar, foi à diretoria da escola reclamar e pedir que as professoras conversassem com a colega. Ela foi a primeira pessoa a dizer que ser negra era lindo. Essas intervenções da mãe na infância, as tranças no cabelo e os elogios foram muito importantes para o que ela chamou de autovalorização. Posteriormente, Dulce disse que, entre os irmãos, todos acabaram casando com negros. Ela achava que isso tinha a ver com o fato de a mãe sempre falar que o pai era um homem muito bonito e também elogiar esteticamente homens e mulheres negras que apareciam na televisão. Daniel completa, dizendo: "É verdade, em casa, sempre que aparecia pessoas negras na televisão, a mãe costumava dizer que a pessoa era linda".

Nessa entrevista, não conseguimos dados suficientes para saber como se deu os casamentos dos filhos. É interessante pensar que a escolha deles, inclusive a do filho branco, por cônjuges negros foge do padrão da literatura sobre o tema, que aponta a teoria do embranquecimento como ideologia que perpassa as escolhas amorosas dos sujeitos.[13] Dulce afirma que: "sempre achou homens e mulheres negros(as) muito bonitos", e que "desde pequena nunca havia pensado em casar com brancos".

Assim como Dulce, Daniel lembra que, certa vez, estava com sua mãe e José. Alguém perguntou para a mãe se ele era adotado e a mãe respondeu de forma muito enfática: "de onde saiu José também saiu Daniel", o que remete a uma conscientização sobre a igualdade entre os dois.

Dentro de uma família com uma educação que, além de antirracista, também proporcionou aos filhos uma consciência racial e valorização das origens negras, Jussara conta que sempre falou para Dulce e Daniel: "é importante vocês saberem que são negros, porque quando as pessoas olham para vocês, nunca lembram que a mãe tem origem italiana e alemã, mas lembram que são negros". É interessante notar que nenhum desses jovens, diferente dos demais deste livro, se autoclassificou como pardo ou mestiço. Isso nos leva ao encontro dos resultados de Livio Sansone. A pesquisa dele indica que há uma diferença de gerações na classificação racial devido às mudanças políticas e históricas já apontadas no segundo capítulo. Ainda assim, é preciso novamente apontar que as classificações raciais são situacionais e relativas a diversos fatores,[14] e que boa parte do que Daniel, Dulce e José afirmam sobre as questões raciais foi construída nos bailes blacks e no hip-hop paulistano, em que a escolha pelo par binário branco/negro prevalece como sistema de classificação.

Ao mesmo tempo que a educação antirracista foi importante para Dulce e Daniel, José aponta que crescer nesse ambiente lhe deu uma possibilidade de perceber as tensões raciais existentes em nosso país e se solidarizar não só com os irmãos, mas com todas as pessoas negras. Ele entendeu que, apesar do pai negro, ele era branco, ao contrário dos irmãos que, apesar da mãe branca, eram negros.

Ao contar sobre sua percepção sobre o racismo, José afirma que foi o "estar junto ao pai" e o "colocar-se no lugar dele" que lhe fizeram perceber o valor simbólico da branquitude:

O pai joga futebol desde jovem até hoje aqui no time da cidade, e frequenta também o clube. Eu sempre vou com ele porque também jogo e já ouvi várias vezes, quando ele erra alguma coisa, os colegas fazerem piadinhas do tipo "preto, quando não caga na entrada, caga na saída". Ele aceita aquilo, dá umas risadas junto e depois estão todos amigos de novo. Eu sou branco e não vivo isso lá e, talvez, se estivesse no lugar dele não aguentaria em silêncio.

José complementa seu depoimento: ver o pai e o irmão passarem por situações de racismo e perceber ao mesmo tempo, que, pelo fato de ser mais claro, isso não lhe ocorria, possibilitou o surgimento de uma consciência e de uma certeza acerca da existência daquele racismo que o pai sempre negara. José sentia "na pele" as situações de preferência:

> *Tinha um amigo lá da escola que morava num prédio de classe mais alta que a gente. Eu e o Daniel sempre íamos jogar bola lá e um dia eu percebi que, quando eu estava com Daniel, a polícia parava mais a gente no caminho, e o porteiro também deixava a gente do lado de fora esperando autorização. Quando eu estava sozinho, eu subia direto. Depois de um tempo, percebi que aquilo tinha a ver com a cor.*

Isso mostra como as mediações sociais possibilitaram sua constituição como o branco que desconstrói o racismo. Nas falas de Jussara e de José, foi possível perceber diversos fatores e vivências que contribuíram para essa desconstrução. Uma delas, no entanto, pareceu-nos fundamental: os dois tiveram relações de afeto não hierarquizadas pela raça com não brancos e, ao mesmo tempo, sentiram-se em um lugar de duplo pertencimento, ora privilegiados pelo fato de serem brancos, ora discriminados por estarem ao lado de negros. É importante perceber que a chave não está na convivência com os negros, nem na convivência pacífica, mas na convivência não hierarquizada.

É exatamente a ausência de hierarquia no convívio que permitiu a Jussara e José se deslocarem de si e se colocarem no lugar desse outro para, depois, voltarem o olhar para si. Em suas histórias, os afetos negros são "emprestados" para um olhar reflexivo, incrementado, agora, com um saber outro e do outro. Essa experiência de olhar para si com os olhos do outro só foi possível porque, para Jussara e José, o "outro" era alguém conectado afetivamente. Essa vivência é possibilitada não pela experiência positiva com o outro, mas pelo deslocamento de si para outra posição subjetiva que não é superior, inferior ou identificada com qualquer conteúdo a priori. Trata-se de perceber a alteridade apenas como alteridade.

Esse saber olhar para o mundo e para si com a experiência do outro já foi teorizado para se pensar a condição dos negros em diáspora por Du Bois e nomeado como "dupla consciência".[15] Ele se refere à consciência do negro nos Estados Unidos como clivada entre duas experiências: a identificação com sua raça pela opressão comum e a identificação com valores construídos pelo opressor de origem europeia, ou seja, pela branquitude.

Inspirados por esse conceito, Howard Winant e France Twine conferem a dupla consciência também aos brancos que conseguiram se olhar como socialmente racializados e adquiriram uma crítica à branquitude.[16] Twine demonstra que essa consciência foi adquirida através dos relacionamentos de solidariedade com sujeitos negros. Winant considera uma conquista dos movimentos negros por direitos civis da década de 1960 nos Estados Unidos. Para ele:

> Não apenas os negros, mas também os brancos agora experimentam uma divisão em suas identidades raciais. Por um lado, os brancos herdam o legado da supremacia branca, a partir da qual continuam a se beneficiar, mas, por outro lado, eles estão sujeitos à moral e, politicamente, aos desafios colocados pelo parcial êxito do movimento negro e movimentos afiliados.[17]

É impossível afirmar, no entanto, quais foram as mediações e momentos exatos que Jussara e José tiveram para se diferenciar dos brancos relatados nas famílias Gomes, Alves e Oliveira. Os depoimentos nos fazem pensar que as condições para uma postura antirracista não estão na cor da pessoa, mas no reconhecimento dos privilégios da branquitude, na empatia pela dor do outro e na leitura cotidiana das práticas racializadas, por exemplo, a percepção de José sobre a polícia e o porteiro. Nesse sentido, podemos dizer que a mãe e os filhos da família Albertini adquiriram o que Twine e Amy C. Steinbugler cunharam como *racial literacy* ou letramento racial.[18]

> O letramento racial é caracterizado como um conjunto de práticas que pode ser entendido como uma "prática de leitura", uma forma de perceber e responder individualmente às tensões das hierarquias raciais da estrutura social. Esse processo "pedagógico" inclui: [...] 1) o reconhecimento do valor simbólico e material da branquitude; 2) a definição do racismo como um problema social atual; 3) o entendimento de que as identidades raciais são aprendidas como um resultado de práticas sociais. E, ainda: 4) a posse de uma gramática e um vocabulário racial que facilita a discussão de raça, racismo e antirracismo; 5) a capacidade de traduzir e interpretar os códigos e práticas racializadas de uma determinada sociedade e; 6) uma análise das formas em que o racismo é mediado por desigualdades de classe, hierarquias de gênero e heteronormatividade.[19]

Diante disso, o que parece mais importante para que a sensibilidade antirracista exista é a necessidade de cada um fazer movimentos paradoxais, ou seja, acreditar na raça e desacreditar em seguida. É preciso levar em conta que raça é um componente fundamental para compreender as desigualdades entre brancos e negros, mas, ao mesmo tempo, ressaltar que é um contorno no qual não há conteúdo intrínseco ou essencial. É preciso enxergar a raça para tornar-se cego a ela. Há algo fundamental no depoimento de Jussara e José que os diferem da cegueira racial que tem em sua base a ideia de que todos são iguais: eles reconhecem o outro, e nele identificam as vivências diferentes das suas em função do racismo. Entendem que essas diferenças não são imanentes, mas resultado de uma condição de dominação.

Onde estamos e para onde seguir

Membros de famílias inter-raciais compostas de negros e brancos negociam, formulam, reformulam e produzem sentidos de raça e racismo dentro do contexto familiar. Mostramos neste livro que existem diferentes formas individuais e coletivas de responder às hierarquias raciais que estruturam a sociedade brasileira. Nosso universo de cinco famílias possibilitou um olhar detalhado para essas diferentes formas de vivenciar o racismo. A diversidade no interior das famílias permite vislumbrá-las como um dos espaços privilegiados para o desenvolvimento de estratégias de enfrentamento, acolhimento e elaboração da violência racista vivida na sociedade de forma mais ampla, mas também como o lócus de legitimação e vivência racistas.

As famílias Alves e Gomes foram fundamentais para compreender como, no convívio diário com a diferença, é possível negar a alteridade. Isso nos pareceu uma forma de construção subjetiva bastante complexa, paradoxal e povoada por armadilhas de toda sorte: empíricas, sociológicas e psicológicas. O conceito psicanalítico de negação foi crucial para entender como no Brasil é possível: 1) ser contra o racismo; 2) achar que o racismo é um mal que todos devem combater; 3) casar com negros; e, ao mesmo tempo; 4) ser racista. Portanto, mesmo em relações com vínculos afetivos sólidos e amorosos, é possível manter e legitimar as hierarquias raciais construídas em uma sociedade racista.

A família Soares, por sua vez, trouxe a dimensão da importância dos processos identificatórios no interior das famílias e nos fez complexificar as classificações raciais brasileiras. Foi por meio dessa família que pudemos entender como as classificações raciais são construídas: social, relacional e situacionalmente. Elas partem, portanto, de um pressuposto inexistente no campo biológico, mas concreto no mundo social: o da raça. Amanda, a filha do casal Soares, não soube se autoclassificar, oscilando ora entre a denominação de negra, no que diz respeito às suas identificações com a família materna, ora como morena e branca. Ela entende, ao mesmo tempo, que é "lida" socialmente como morena, mas se diz branca quando percebe os privilégios vivenciados em relação às colegas de pele mais escura. Sente-se beneficiada em uma sociedade na qual os corpos são hierarquizados pela pigmentação da pele. Sua dificuldade de identificação mostra a radicalidade subjetiva do processo relacional nas classificações raciais: "o que se diz", "o que se é", "o que se diz que se é", "o que se nega", "o que se faz com o que o outro diz" e todos os desdobramentos possíveis. Tudo isso revela a complexidade e a sutileza que a autoclassificação racial enseja e promove na realidade singular do Brasil.

Mariana Oliveira, por sua vez, narrou uma vida de sofrimento construída a partir de vivências racistas nos processos primários de sua socialização, demonstrando que a forma como a família nos inscreve no mundo ajuda a construir nossa subjetividade. Ela ainda mostrou que, mesmo com processos conscientes de se desidentificar do lugar que nos é dado logo quando chegamos ao mundo, a criança que fomos diz muito sobre o que nos tornamos. Mariana nos deixa entrever quão prejudicial pode ser nascer em uma família inter-racial em que o racismo e a ideologia do embranquecimento fazem parte das dinâmicas cotidianas.

Nesse caso e não sem certa surpresa, raça e racismo são componentes que modulam e qualificam a forma com que se constroem os vínculos familiares mais afetivos e imemoriais no seio de uma família inter-racial. Esse dado fundamental reforça a questão intrapsíquica dentro das discussões sobre raça e racismo, independente de quaisquer conjunturas sociais consideradas. Em outras palavras, o debate sobre o racismo deixa suas raízes antropológicas e sociológicas para adentrar um território ainda pouco conhecido, o das identificações profundas, infantis e alocadas no inconsciente. Toda a constituição do discurso racial e/ou racista perpassa essa dimensão psicológica — e, por que não dizer, psicanalítica — e ingressa no substrato emocional que nos torna sujeitos: o trauma, o desejo, a repulsa, as pulsões e, sobretudo, a imersão no universo da linguagem. Tal é o volume de investigação possível nesse novo cenário teórico, que este livro quer apenas apontar para esse horizonte e viabilizar, por meio da pesquisa concreta e relatada, uma nova fronteira para os estudos do fator raça, ou mesmo do trauma da raça e toda uma nova série de conceitos, descrições e terminologia técnica, complementando, assim, os trabalhos já iniciados no campo da psicanálise por Frantz Fanon, Neusa Santos, Isildinha Batista, Jurandir Freire Costa, entre outros.

Por sua vez, este livro tentou demonstrar também, a partir do estudo de caso dos Albertini, que a família pode ser um dos espaços privilegiados para o desenvolvimento de estratégias de enfrentamento, acolhimento e elaboração da violência racista vivida na sociedade de forma mais ampla. José e Jussara, os membros brancos, sentiram-se em um lugar de duplo pertencimento, ora privilegiados pelo fato de serem brancos, ora discriminados por estarem ao lado de negros. Dessa vivência surgiu a empatia e a solidariedade para que os dois produzissem uma consciência antirracista.

O que mais chamou atenção nessa família, no entanto, foi o paradoxo envolvido na construção da sensibilidade antirracista. Para ela existir, foram precisos movimentos antagônicos: acreditar na raça e desacreditá-la em seguida. Ou seja, é preciso enxergar a diferença para então desconsiderá-la.

O que é digno de menção e, eventualmente, de problematização, é que a imersão nessas famílias inter-raciais corrobora relatos de pessoas nas ruas, em encontros, palestras e conversas informais, lugares nos quais posso garantir que há, no Brasil, uma necessidade real de se abordar o tema de forma mais aberta e sistemática, ainda mais no que se refere ao trabalho do psicólogo, nas diversas instâncias de sua atuação. Essa constatação se deve ao fato de que, todas as vezes em que anunciei o tema desta pesquisa em lugares públicos, alguém vinha me relatar o racismo sofrido em família. Foram inúmeros depoimentos. Havia ali uma zona de silêncio finalmente interrompida e uma demanda por informações sobre como lidar com essa situação. Nesse sentido, diferentes formas de exclusão foram relatadas cotidianamente durante os três anos de pesquisa que deram origem a este livro. Relato um acontecimento marcante que ocorreu fora das entrevistas, em uma conversa informal, em um congresso de psicologia. No almoço realizado após as mesas redondas, uma professora me perguntou qual era o tema de minha pesquisa. Respondi que pesquisava famílias inter--raciais. Ela contou, com lágrimas nos olhos, um pouco sobre sua infância e, um pouco depois, enviou-me um e-mail sobre suas vivências como filha de um casal inter-racial. Ela autorizou que eu o transcrevesse:

Meu pai é branco, descendência espanhola e italiana. Minha mãe é mulata da cor do chocolate ao leite, cabelo enrolado e preto, do cacho bem grudado no couro cabeludo, uma boca linda e os olhos da cor da jabuticaba. É filha de mineiro e baiana, seu pai negro e sua mãe mulata. Eu nasci assim: "morena cor de jambo", como costumam dizer meu pai e minha mãe. Imagino que desde o momento que meu pai escolheu a "neguinha" pra se casar, sua vida, e a nossa, começou a ter muitos problemas. Meu pai tornou-se o filho excluído. "Casou com aquela neguinha", dizia meu avô. E minha avó ficava lá, calada, ouvindo tudo. Tenho vários primos, todos branquinhos, e um irmão, moreno, com traços negros. Quando éramos crianças, alguns netos tinham que entrar pela porta dos fundos, e outros entravam por onde queriam. Tenho lembranças vagas daquela época, mas lembrei recentemente que quem entrava pela porta dos fundos éramos eu e meu irmão. Me lembro de uma situação que se repetiu várias vezes, de ver meu avô mandando meu irmão tomar água no tanque porque o chão estava limpo e ele não queria que sujasse. E assim ele fazia, correndo pelo quintal pra tomar sua água, saciar a sede da correria da brincadeira. Mas isso se tornou um hábito e cada vez era uma desculpa: "O chão tá limpo, você está sujo, não quero que entre correndo em casa". Com o passar do tempo, a gente não queria mais ir na casa daquele avô e, à medida que íamos crescendo, os laços iam ficando mais frouxos, até quase deixarem de existir. Meu rompimento foi aos dezoito anos, quando ele se vira pra mim e diz com todas as letras: "Eu não gosto de você. Nunca gostei. Vai embora daqui". E eu fui e só voltei lá depois que ele morreu. Me lembro de eu e meu irmão chorarmos muito no seu velório e as pessoas comentarem: "Nunca vão ver o avô e agora choram". Era um choro de mágoa, raiva, do que deveria ter sido e não foi. Foi difícil perceber que aquilo que as pessoas chamavam de raça ruim era, na verdade, racismo. E levou muito tempo para a dor passar.

26 de maio de 2015

APÊNDICE 1

Notas sobre o método

O percurso inicial desta pesquisa foi afetado por diferentes fatos e constatações. O que se pretendia fazer no projeto original era um estudo etnográfico com famílias inter-raciais na cidade de São Paulo. A partir desse intento, comecei a selecionar as famílias por indicação de amigos e conhecidos, sem restrições ligadas a classe social, nível de escolaridade e local de moradia. A única exigência era a de que a família, ou apenas um dos membros, se autoclassificasse como inter-racial. Consegui, de maneira célere, o contato de doze famílias que se dispuseram a participar da pesquisa. No entanto, houve certo constrangimento quando anunciei que gostaria não apenas de uma entrevista, mas de conviver com a família por algumas semanas. Aqui, para além do constrangimento natural em compartilhar a rotina da família com uma pessoa de fora, a fragmentação parcial de algumas famílias pareceu contribuir para a rejeição da proposta do convívio. Muitos filhos já haviam deixado a casa dos pais e tinham suas respectivas privacidades. Um elemento externo poderia gerar algum tipo de desequilíbrio nessa dinâmica, que também é sensível. Ciente de todo o regime de autorizações e vênias a ser elaborado para produção dos dados e das informações intrafamiliares, declinei imediatamente dessa possibilidade e tracei uma nova conduta de abordagem, menos invasiva, menos quantitativa e mais qualitativa.

Do ponto de vista metodológico, e em função da decisão descrita, é importante relatar um processo: a escolha pela etnografia era decorrente do fato de que eu entendia que as hierarquias raciais nas dinâmicas familiares seriam mais facilmente percebidas nas observações das relações cotidianas entre os membros das famílias e do próprio uso do espaço físico dos lares pesquisados. Essa hipótese vinha da leitura de trabalhos feitos com famílias, como o de France Twine que identificou, por meio de uma pesquisa etnográfica realizada por mais de um ano em uma cidade interiorana do Rio de Janeiro, a humilhação diária sofrida pelos membros familiares negros.[1] Twine percebeu toda uma zona de apagamentos e silêncios sendo elaborada há anos a fio, como o desaparecimento dos ancestrais negros ou mestiços dos álbuns de família e das fotografias decorativas das casas.

Mesmo sabendo das potencialidades de uma pesquisa etnográfica, abri mão desse recurso e adotei o procedimento das entrevistas como elemento empírico a ser narrado, interpretado e elaborado. Dessa feita, entrei novamente em contato com as famílias propondo uma entrevista. Expliquei que se tratava de uma pesquisa sobre famílias inter-raciais e que a ideia era marcar um encontro com todos os integrantes da família juntos, o que foi prontamente aceito sem maiores ressalvas. Ao longo da pesquisa, portanto, realizei treze entrevistas,[2] contabilizando sete gravadas e seis em conversas informais. Devido a limitações naturais de um trabalho de pós-doutoramento e à quantidade de dados coletados, escolhi cinco delas para construir a narrativa técnica aqui presente. A escolha está relacionada com grandes temas específicos, escolhidos e ordenados para compor a progressão teórica e assegurar todo o rigor científico possível, com atenção especial ao encadeamento das obras de referência à realidade dos dados singulares que são aqui, por fim, disponibilizados.

AS ENTREVISTAS

Relato, agora, algumas características institucionais que determinaram parte da realização deste trabalho. Fui pesquisadora vinculada como pós-doutoranda no Instituto de Psicologia da Universidade de São Paulo, mais especificamente no Departamento de Psicologia Social inserida no Laboratório de Estudos da Família, Relações de Gênero e Sexualidade (Lefam), que opera sob supervisão da professora doutora Belinda Mandelbaum. No compartilhamento de algumas das atividades desenvolvidas nesse laboratório, tive a parceria de um bolsista de iniciação científica da Fapesp, Felipe Fachim.

Neste trabalho, a entrevista foi um componente fundamental, irradiador de formulações e, ao mesmo tempo, sua comprovação. Ela é tratada com extremo rigor, atenção e respeito. Todos os entrevistados foram consultados antes de terem suas falas aqui expostas, além da óbvia proteção que o anonimato lhes dá. Ao optar por um caminho diverso das perguntas protocolares e distantes, fugi dos formulários de cadastramento e pesquisa institucional, já que eles jamais deram conta de quaisquer características de ordem racial.

O discurso construído no Brasil para aferir a distribuição de raça atuou também como um potencializador do racismo encoberto. O excesso de zelo dos formulários oficiais de governo acabou por soterrar singularidades de nossa organização social racial. Mais do que isso, ele é um sintoma dessa organização.

Mais ainda: uma postura minha por demais defensiva e distante diante dos entrevistados apenas replicaria muitas das projeções imaginárias que sustentam o discurso racista em suas lateralidades encobertas. Não faria sentido, no campo da psicologia, apagar a presença do observador e toda a sua humanidade.

Há nas entrelinhas dos fragmentos transcritos uma construção de confiança que permitiu a ambos, pesquisadora e pesquisados, uma interação franca, direta e com níveis de tensão característicos do tema. Não podemos esquecer que esse é um dos temas tabus em nossa sociedade, que exige e enseja cuidados e, acima de tudo, muita transparência.

Dentro desse quadro de aferição e coleta de depoimentos, foi possível compreender como os sujeitos se apropriam e modalizam o significado da raça, bem como o conjunto de discursos que permeiam o tema. Um roteiro de entrevista delimitou questões específicas sobre as relações inter-raciais e a relação de cada sujeito com as categorias raça e racismo. As perguntas foram construídas com o intuito de perceber se e como os sujeitos dessas famílias legitimam e/ou desconstroem as hierarquias raciais dentro de suas relações íntimas (ver quadro mais adiante).

O conjunto das entrevistas revelou dados comportamentais, discursos raciais e suas respectivas e sutis modalizações, ou seja, a presença do sujeito operando sobre o que já é estabelecido enquanto ordem simbólica e ideológica. Mas também sinalizou um refinamento dos procedimentos de abordagem. Pode-se dizer que, à medida que as conversas avançaram, novas formas de questionamento foram emergindo, às vezes de maneira espontânea, às vezes de maneira calculada.

Mais do que isso, observamos nesses encontros não apenas os conteúdos manifestos nas falas dos sujeitos, mas as dinâmicas familiares em si, o que inclui as posições hierárquicas que ocupam as falas de cada um, como também o gestual, a fala corporal. Foi possível identificar, portanto, que em todas as famílias havia alguém que ocupava o lugar de autoridade para falar sobre o assunto raça. Esses membros procuraram, na maior parte de suas falas, negar a existência de preconceito e/ou hierarquia racial no núcleo familiar, mesmo quando confrontados por outros membros da família. Elaboramos a hipótese de que, para esses membros, assumir a existência desse tipo de desigualdade colocaria em xeque a estrutura familiar, fundada, em seu construto social familiar, pelo princípio do amor, do respeito e da igualdade entre seus membros. Também foi possível observar que, em uma mesma família, havia opiniões contrárias sobre o funcionamento do racismo e os modos de se posicionar identitariamente nas complexas classificações raciais brasileiras. Essa diferença de posições identitárias apareceu principalmente entre gerações.

Um dos maiores desafios foi o de dedicar a atenção para o jogo de silêncio e não ditos. Parte importante da pesquisa foi a observação de "quem fala o quê", "como é falado", "o que é silenciado" na frente de uns e "dito" na frente de outros, bem como as posições hierárquicas de praxe que ocupam as falas de cada integrante no interior das relações familiares. Minha percepção, nesses casos, é a de que em todas as famílias havia alguns assuntos que não podiam ser ditos por todos e para todos. Em uma das famílias entrevistadas, por exemplo — que deu origem ao penúltimo capítulo do livro —, ficou evidente o constrangimento dos filhos e da mulher em falar sobre o racismo vivido pelo pai na frente dele, já que o pai tinha uma posição defensiva quando se tratava de enunciar situações de violência racista. Respeitando essa dinâmica familiar, agendei uma nova entrevista, apenas na presença da mãe e dos filhos, para, justamente, identificar zonas de silêncio e de interdição, o que foi plenamente conseguido. As duas entrevistas, portanto, complementaram-se metodologicamente nesse caso. É um exemplo pedagógico de como a dinâmica familiar pode — e deve — flexibilizar e aperfeiçoar a abordagem de uma entrevista que se pretende completa e que tem perguntas específicas para responder. Pode-se perder alguns conteúdos importantes em função da ausência de um integrante, mas, nesse caso, o ganho foi maior.

Ao longo das entrevistas, como já antecipado, deparei-me com outra dificuldade: há, em todas as famílias, hierarquias internas relacionadas à geração, gênero, afinidades, identificações, época em que cada filho nasceu, entre outras diversas possibilidades. Portanto, é necessário comentar o árduo trabalho em me policiar para que a "chave" de interpretação não recaísse sempre na raça. Um exemplo disso pode ser verificado em uma das famílias entrevistadas: a filha mais nova (e temporã), de um casal de mãe branca e pai negro, é também a única filha branca entre outros três irmãos negros. Essa filha conta que foi a única que estudou em escola particular, fez natação e escola de inglês.[3] Nesse caso, minha primeira reação foi pensar que poderia ser uma preferência de educação mesmo que inconsciente — pelo fato dela ser a única branca. Contudo, essa filha foi a única que nasceu quando os pais já haviam se estabilizado financeiramente e os irmãos mais velhos já trabalhavam e se sustentavam. Um cuidado, portanto, que levei à minha interpretação, de não colocar a raça quando ela não estivesse posta de maneira direta pelos próprios entrevistados. Um cuidado e um método. Mesmo diante de um relato transversal não tematizado por raça, mas com um entorno discursivo de interpretação fácil e tentadora, a decisão tomada por mim foi a de esperar a emergência de termos diretos referentes à raça de meus interlocutores. Em outros momentos, pude também registrar que um dos assuntos interditados foi o racismo sofrido nas relações interfamiliares pelos próprios membros presentes. Em minha experiência como pesquisadora de relações raciais, não foram poucas as vezes em que ouvi relatos de homens negros e mulheres negras rejeitados pelos membros brancos da família. Pessoas que ouviam da mãe e do pai que o cabelo era ruim, o nariz era largo ou a cor era escura demais. Portanto, para escrever o capítulo sobre violência vivida no seio familiar, tomei uma decisão previsível: a de fazer uma entrevista individual para dar segurança ao entrevistado diante de assuntos tão doloridos. Essa escolha permitiu depoimentos de forte apelo emocional, dimensão de grande relevância para identificar a intensidade do sentimento e da dor circunscrita na vivência racial do sujeito.

APÊNDICE 2

Quadro das famílias entrevistadas

SOBRENOME FICTÍCIO	AUTODEFINIÇÃO DE CLASSIFICAÇÃO SOCIOECONÔMICA	MEMBROS ENTREVISTADOS, AUTOCLASSIFICAÇÃO RACIAL[1] E IDADE	BAIRRO ONDE A FAMÍLIA MORA E OCORREU A ENTREVISTA
Alves	Pobre	Valéria, mãe, branca, 50 anos; João, filho, preto, 27 anos; Maria, filha, branca, 35 anos; Joana, neta, mulata, 16 anos.	Bairro do Limão, zona Norte de São Paulo.
Gomes	Classe média	Estela, mãe, branca de origem italiana, 66 anos; Walmor, pai, preto, 74 anos; duas filhas: Priscila e Juliana, pardas/negras, 40 anos e 36 anos.	Ipiranga, zona Sul de São Paulo.
Soares	Classe média	Alfredo, pai, branco, 53 anos; Janice, mãe, negra, 50 anos; Amanda, filha, 25 anos, não sabe se classificar.	Bela Vista, região central de São Paulo.
Oliveira	Pobre	Mariana, negra, 32 anos; Fernando, pai, negro, 80 anos; Ivone, mãe, branca, 70 anos.	Itaquera, região leste de São Paulo.
Albertini	Pobre	Guilherme, pai, moreno, 75 anos; Jussara, mãe, branca, 66 anos; filhos: Dulce, negra, 37 anos, Daniel, negro, 35 anos, e José, branco, 28 anos.	Santo André.

Agradecimentos

Este livro foi feito em um contexto de muitas mudanças em minha vida. Entre a escrita do projeto de pesquisa, entrevistas, análises e redação do texto, também fui compondo o que hoje é a minha família inter-racial. Conheci meu companheiro Rodrigo e dessa relação nasceu Ariel e Benjamin. Aquilo que era o foco dos meus estudos, minhas preocupações e angústias como reflexões políticas e teóricas, também tomaram minha própria vida. Rodrigo, Ariel e Benjamin: muito obrigada por estarem ao meu lado, impulsionando-me ainda mais para projetar um mundo mais amoroso para todos nós.

À memória de minha mãe Lydia Vainer, pela vida em todos os sentidos. Pela vida que meu deu, pela vida que levou, pela beleza e leveza com que cotidianamente enxergava o mundo. Saiba: todo o amor que pode caber em alguém tenho por você.

Ao meu pai Henrique Schucman e aos meus irmãos Lara e Radji.

Agradeço também a todas as pessoas que me concederam as entrevistas, que abriram suas casas, doaram seu tempo, seus sentimentos, seus sentidos acerca de suas famílias, de suas vidas e, sobretudo, por serem essas pessoas as autoras desta obra.

Agradeço à Fundação de Amparo à Pesquisa do Estado de São Paulo (Fapesp), a Belinda Mandelbaum e aos pareceristas da Edufba. Agradeço também a Felipe Fachim, Gustavo Conde, Silvio Almeida, Eliane Silva Costa, Monica Mendes Gonçalves, Adriana Rodrigues, Emiliano de Camargo David, Rita Flores, Arina Alba e Liliane Carboni.

Notas

PREFÁCIO [PP. 9-12]

1. Lia Vainer Schucman, *Entre o encardido, o branco e o branquíssimo: branquitude, hierarquia e poder na cidade de São Paulo*. São Paulo: Veneta, 2020.

INTRODUÇÃO [PP. 16-23]

1. Entendemos, neste trabalho, que a identidade racial branca (branquitude) se caracteriza nas sociedades estruturadas pelo racismo como um lugar de privilégios materiais e simbólicos construído pela ideia de "superioridade racial branca", que foi forjada por meio do conceito de raça, edificado pelos homens da ciência no século 19, delimitando assim fronteiras hierarquizadas entre brancos e outras construções racializadas. Ver Maria Aparecida Silva Bento, "Branqueamento e branquitude no Brasil". In: Iray Carone e Maria Aparecida Silva Bento (Orgs.), *Psicologia social do racismo: estudos sobre branquitude e branqueamento no Brasil*. Petrópolis: Vozes, 2002; Deborah P. Britzman, "A diferença em tom menor: algumas modulações da história, da memória e da comunidade" e Melissa Steyn, "Novos matizes da 'branquitude': a identidade branca numa África do Sul multicultural e democrática". In: Vron Ware (Org.), *Branquidade: identidade branca e multiculturalismo*. Rio de Janeiro: Garamond, 2004; Lia Vainer Schucman, op. cit.; France Winddance Twine e Amy C. Steinbugler, "The Gap between Whites and Whiteness: Interracial Intimacy and Racial Literacy". *Du Bois Review*, [s. l.], v. 3, n. 2, 2006; e Howard Winant, *The World is a Ghetto: Race and Democracy since World War II*. Nova York: Basic Books, 2001.

2. Maria Aparecida Silva Bento, op. cit.; Iray Carone, "Breve histórico de uma pesquisa psicossocial sobre a questão racial brasileira". In: Iray Carone e Maria Aparecida Silva Bento (Orgs.), op. cit.; Carlos A. Hasenbalg, *Discriminação e desigualdades raciais no Brasil*. Rio de Janeiro: Graal, 1979; Lia Vainer Schucman, op. cit.

3. Antonio Sérgio Alfredo Guimarães, *Racismo e anti-racismo no Brasil*. São Paulo: FUSP/ Editora 34, 1999, p. 153.

4. Ibid.

5. Belinda Mandelbaum, *Psicanálise da família*. São Paulo: Casa do Psicólogo, 2008, p. 19.

6. Ibid.

7. Carlos A. Hasenbalg, op. cit.; Laura Moutinho, *Razão, cor e desejo*. São Paulo: Editora Unesp, 2004; Livio Sansone, "Pai preto, filho negro: cor e diferença de geração". *Estudos Afro-Asiáticos*, Rio de Janeiro, n. 25, pp. 7-98, 1993.

8. Antonio Sérgio Alfredo Guimarães, "Como trabalhar com 'raça' em sociologia". *Educação e Pesquisa*, São Paulo, v. 29, n. 1, pp. 93-107, jan./jun. 2003.

BREVE CONTEXTUALIZAÇÃO BIBLIOGRÁFICA SOBRE FAMÍLIAS INTER-RACIAIS NO BRASIL [PP. 24-32]

1. Inicialmente esses relacionamentos, entre homens brancos e mulheres negras, aconteciam de formas violentas, fruto das relações dos portugueses com mulheres escravizadas.

2. Nelson do Valle Silva, "Distância social e casamento inter-racial no Brasil". *Estudos Afro-Asiáticos*, Rio de Janeiro, n. 14, 1987.

3. Elza Berquó, *Nupcialidade da população negra no Brasil*. Campinas: Nepo/ Unicamp, 1987.

4. Ana Cláudia Lemos Pacheco, "Raça, gênero e relações sexual-afetivas na produção bibliográfica das ciências sociais brasileiras: um diálogo sobre o tema". *Afro-Ásia*, Salvador, n. 34, 2006.

5. Nelson do Valle Silva, "Distância social e casamento inter-racial no Brasil", op. cit.; Elza Berquó, op. cit.; Edward Telles, *Racismo à brasileira: uma nova perspectiva sociológica*. Rio de Janeiro: Relume Dumará, 2003; e Ana Cláudia Lemos Pacheco, op. cit. Um maior aprofundamento sobre os dados de casamentos inter-raciais no Brasil pode ser visto no estudo de Edward Telles (op. cit.).

6. O estudo de Telles mostra que na maioria dos casamentos inter-raciais o cônjuge negro tem status socioeconômico superior ao branco. Esse fenômeno

foi estudado em outras sociedades racistas com o nome de *status exchange in inter-racial marriage*, em que os cônjuges negros teriam um status tão baixo no "mercado matrimonial" que seriam obrigados a pagar um alto preço para obter casamentos "vantajosos" (*marry up*) com parceiros mais claros. De um modo economicamente realista, sua cor caracteriza-se como uma desvantagem e, em função disso, os cônjuges negros precisam de muitas outras vantagens compensatórias — maior escolaridade, maior renda etc. — para poder competir em pé de igualdade.

7. Zelinda dos Santos Barros, *Casais inter-raciais e suas representações acerca de raça*. Salvador: Faculdade de Filosofia e Ciências Humanas, Universidade Federal da Bahia, 2002.

8. Joyce Souza Lopes, "Branco(a) mestiço(a): problematizações sobre a construção de uma localização racial intermediária". *Revista da Associação Brasileira de Pesquisadores/as Negros/as*, v. 6, n. 13, pp. 52-3, 2014.

9. É importante pensar o mestiço como um fenótipo racializado e não como todo e qualquer sujeito filho de casais inter-raciais. Um exemplo disso é que há filhos de casais inter-raciais que são classificados como pretos, e outros como brancos, dependendo de seus fenótipos. O mestiço, no Brasil, é um grupo racializado pelo fenótipo.

10. Eduardo de Oliveira e Oliveira, "O mulato, um obstáculo epistemológico". *Revista Argumento*, São Paulo, ano I, n. 3, pp. 65-73, jan. 1974.

11. Monica Grin, "Modernidade, identidade e suicídio: o 'judeu' Stefan Zweig e o 'mulato' Eduardo de Oliveira e Oliveira". *Topoi*, v. 3, n. 5, p. 204, 2002.

12. Thomas E. Skidmore, *Preto no branco: raça e nacionalidade no pensamento brasileiro*. Rio de Janeiro: Paz e Terra, 1976, p. 81.

13. Kabengele Munanga, *Rediscutindo a mestiçagem no Brasil: identidade nacional versus identidade negra*. Belo Horizonte: Autêntica, 2006, p. 140.

14. Oracy Nogueira, *Tanto preto quanto branco: estudos de relações raciais*. São Paulo: T. A. Queiroz, 1979.

15. Angela Ernestina Cardoso de Brito, *Educação de mestiços em famílias inter-raciais*. São Carlos: Centro de Educação e Ciências Humanas, Universidade Federal de São Carlos, 2002.

16. Eneida de Almeida dos Reis, *Mulato: negro-não-negro e/ou branco-não--branco*. São Paulo: Altana, 2002, p. 35.

17. Elizabeth Hordge-Freeman, *The Color of Love: Racial Features, Stigma, and Socialization in Black Brazilian Families*. Austin: University of Texas Press, 2015, p. 71, tradução nossa.

18. Ibid.

"MINHA MÃE PINTOU MEU PAI DE BRANCO": AFETOS E NEGAÇÃO DA RAÇA [PP. 33-46]

1. Zelinda dos Santos Barros, op. cit.

2. Os entrevistadores utilizaram a classificação de cor/raça do Instituto Brasileiro de Geografia e Estatística (IBGE) para fazer a heteroclassificação, que, a partir do Censo de 1991, define cinco categorias: branco, pardo, preto, amarelo e indígena. Para formar a classificação de negros, é comum que seja somada a população preta à população parda na formação de um único grupo. É importante ressaltar que, no Brasil, o fenótipo — e não a origem — tem sido a forma de classificar racialmente a população.

3. Sigmund Freud, "A negação" [1925]. In: *Obras completas*, v. 16. *O eu e o Id. "Autobiografia" e outros textos (1923-1925)*. Trad. de Paulo César de Souza. São Paulo: Companhia das Letras, 2011, p. 250.

4. France Winddance Twine e Amy C. Steinbugler, "The Gap between Whites and Whiteness: Interracial Intimacy and Racial Literacy", op. cit.

5. Maria Aparecida Silva Bento, "Branqueamento e branquitude no Brasil", op. cit.

6. É importante dizer que há outras diversas formas de se relacionar entre brancos e negros, contudo este capítulo tem como foco apontar o mecanismo de negação nas relações inter-raciais.

7. Jurandir Freire Costa, "Da cor ao corpo: a violência do racismo". In: Neusa Santos Souza, *Tornar-se negro*. Rio de Janeiro: Zahar, 2021.

8. Frantz Fanon, *Pele negra, máscaras brancas*. Rio de Janeiro: Fator, 1980.

9. Ver mais em Julio Jacobo Waiselfisz, *Mapa da violência 2016: homicídios por armas de fogo no Brasil*. Brasília: Flacso Brasil, 2016.

A COR DE AMANDA: ENTRE BRANCA, MORENA E NEGRA [PP. 47-68]

1. Uma análise minuciosa sobre a história da classificação racial no Brasil pode ser encontrada em Edith Piza e Fúlvia Rosemberg, "Cor nos Censos brasileiros". In: Iray Carone e Maria Aparecida Silva Bento (Orgs.), op. cit., pp. 91-120.

2. Antonio Sérgio Alfredo Guimarães, *Racismo e anti-racismo no Brasil*, op. cit.; José Luis Petruccelli, *A cor denominada: estudos sobre a classificação étnico-racial*. Rio de Janeiro: DP&A, 2007; Edith Piza e Fúlvia Rosemberg, ibid.; Edward Telles, op. cit.

3. Oracy Nogueira, *Tanto preto quanto branco: estudos de relações raciais*, op. cit.

4. Ibid., p. 79.

5. Edward Telles, op. cit., p. 105.

6. Ibid.

7. Jacques D'Adesky, *Pluralismo étnico e multiculturalismo: racismos e antirracismos no Brasil*. Rio de Janeiro: Pallas, 2001, p. 135.

8. Ibid.; Edward Telles, op. cit.; Antonio Sérgio Alfredo Guimarães, *Racismo e anti-racismo no Brasil*, op. cit.; Kabengele Munanga, op. cit.; Edith Piza e Fúlvia Rosemberg, "Cor nos Censos brasileiros". In: Iray Carone e Maria Aparecida Silva Bento (Orgs.), op. cit.; e Lilia Moritz Schwarcz, *Nem preto nem branco, muito pelo contrário: cor e raça na sociabilidade brasileira*. São Paulo: Claro Enigma, 2012.

9. Jacques D'Adesky, ibid., p. 27.

10. Antonio Sérgio Alfredo Guimarães, *Racismo e anti-racismo no Brasil*, op. cit.

11. "Qualquer esforço no sentido da igualdade racial no Brasil deve considerar envolver as famílias, pois dinâmicas racializadas internas ao grupo podem comprometer o bem-estar subjetivo de maneiras que podem ser mais devastadoras do que a desigualdade estrutural. Então, o que o amor tem a ver com tudo isso? Nas famílias, o amor está presente, mas como um recurso emocional, o que o amor se parece pode depender de como você parece." (Elizabeth Hordge-Freeman, op. cit.).

12. A conceitualização dos espaços psíquicos, intra, inter e transubjetivo foi denominada pelos psicanalistas Berenstein e Puget, assinalando a capacidade de representação do aparelho psíquico frente aos diferentes vínculos. Os autores demarcam o espaço intrapsíquico como aquele que diz respeito às fantasias inconscientes do mundo interno de cada um. O espaço intersubjetivo é o da estrutura familiar inconsciente, já o espaço transubjetivo é o das representações do mundo externo real (social e físico) que o eu adquire desde o originário, assim como pela mediação familiar (Janine Puget, "Disso não se fala... transmissão e memória". In: Olga B. Ruiz Correa (Org.), *Os avatares da transmissão psíquica geracional*. São Paulo: Escuta, 2000.

13. É importante frisar que os trechos das análises que aparecem aqui são aqueles que tanto os entrevistadores como os entrevistados falam sobre as classificações raciais. Isso faz com que as perguntas e respostas percam parte do encadeamento original em nome do nosso enfoque, que é a classificação racial.

14. Belinda Mandelbaum, op. cit.

15. Sabemos que há inúmeras vozes nas organizações sociais negras, e que, portanto, muitas vezes elas divergem entre si. Contudo, falamos dos aspectos projetivos de Amanda sobre qual seria a posição do movimento negro.

16. Jacques D'Adesky, op. cit.; Edward Telles, op. cit.

17. Joyce Souza Lopes, "Branco(a) mestiço(a): problematizações sobre a construção de uma localização racial intermediária". *Revista da Associação Brasileira de Pesquisadores/as Negros/as*, v. 6, n. 13, p. 49, 2014.

18. Roger Bastide e Florestan Fernandes (Orgs.), *Relações raciais entre negros e brancos em São Paulo*. São Paulo: Unesco/Ed. Anhembi, 1955.

19. Não queremos relativizar a condição estrutural das pessoas negras e brancas na sociedade. Pelo contrário, estamos afirmando essa desigualdade e como ela se mostra nas relações psicossociais das famílias. Há um recorte para a relativização do acesso aos privilégios da branquitude em evidência.

O RACISMO FAMILIAR E A CONSTRUÇÃO DA NEGRITUDE POSITIVADA: DA QUÍMICA AO CRESPO [PP. 69-91]

1. Este capítulo, diferente dos anteriores, é construído com base em uma entrevista apenas, feita com um único membro de uma família inter-racial. O nome da entrevistada é Mariana, e a opção pelo formato individual está relacionada ao contexto em que se deu a relação entre mim e a entrevistada.

2. W. E. B. Du Bois, *The Souls of Black Folk*. Nova York: Barnes & Noble, 2002. [Ed. bras.: *As almas do povo negro*. Trad. de Alexandre Boide. São Paulo: Veneta, 2021.]

3. Frantz Fanon, op. cit., p. 82.

4. Luciana Alves, *Significados de ser branco: a brancura no corpo e para além dele*. São Paulo: Faculdade de Educação, Universidade de São Paulo, 2010; Frantz Fanon, op. cit.; Laura Moutinho, op. cit.

5. Luciana Alves, ibid.; Nelson do Valle Silva, "Distância social e casamento inter-racial no Brasil", op. cit.

6. Edward Telles, op. cit.

7. Nelson do Valle Silva, "Distância social e casamento inter-racial no Brasil", op. cit.

8. Laura Moutinho, op. cit.; Lia Vainer Schucman, op. cit.

9. Homi K. Bhabha, *O local da cultura*. Belo Horizonte: Ed. UFMG, 2007, p. 126.

10. Ibid., pp. 124-5.

11. Heloisa Szymanski, "Práticas educativas familiares: a família como foco de atenção psicoeducacional". *Estudos de Psicologia*, v. 21, n. 2, p. 7, 2004.

12. Jurandir Freire Costa, *Violência e psicanálise*. Rio de Janeiro: Graal, 1984.

13. Isildinha Baptista Nogueira, *Significações do corpo negro*. São Paulo: Instituto de Psicologia, Universidade de São Paulo, 1998.

14. Nilma Lino Gomes, *Corpo e cabelo como ícones de construção da beleza e da identidade negra nos salões étnicos de Belo Horizonte*. São Paulo: FFLCH-USP, 2002. Tese (Doutorado em Antropologia).

15. Ricardo Franklin Ferreira, *Uma história de lutas e vitórias: a construção da identidade de um afrodescendente brasileiro*. São Paulo: Instituto de Psicologia, Universidade de São Paulo, 1999.

16. Ibid., p. 75

DA DEMOCRACIA RACIAL À DESCOBERTA DO MITO: O ENCONTRO COM O RACISMO NA VIDA DO OUTRO [PP. 92-109]

1. Ronald D. Glass, "Entendendo raça e racismo: por uma educação racialmente crítica e antirracista". *Revista Brasileira de Estudos Pedagógicos*, v. 93, n. 235, 2012.

2. Antonio Sérgio Alfredo Guimarães, "A questão racial na política brasileira (os últimos quinze anos)". *Tempo Social*, v. 13, n. 2, 2001.

3. Eliane Silvia Costa, "Racismo como metaenquadre". *Revista do Instituto de Estudos Brasileiros*, n. 62, 2015.

4. Ibid.

5. Carlos A. Hasenbalg, op. cit., p. 246.

6. Lia Vainer Schucman, op. cit.

7. Em um país onde a maioria trabalhava informalmente e sem proteção, o trabalho em fábricas garantia, naquela época, direitos trabalhistas como férias, décimo terceiro, entre outros.

8. Antonio Sérgio Alfredo Guimarães, op. cit.

9. É importante ressaltar que essa organização familiar tradicional é histórica e social, e que, segundo Mandelbaum, sua origem remonta à ascensão da burguesia, a partir do século 16, na Europa, quando esse modelo se tornou dominante, primeiro entre as classes mais abastadas, mas progressivamente se disseminando pela sociedade em todos os seus extratos ("As novas famílias e os desafios da educação: qual o conceito de família e como os pais e educadores têm trabalhado estes novos padrões na formação das crianças e jovens?", *Jornal Cidadania*, jan. 2013).

10. Roger Bastide e Florestan Fernandes (Orgs.), op. cit.

11. Marilena Chaui, *Brasil: mito fundador e sociedade autoritária*. São Paulo: Fundação Perseu Abramo, 2000, p. 5.

12. Ibid.

13. Nelson do Valle Silva, "Distância social e casamento inter-racial no Brasil", op. cit.; Elza Berquó, op. cit.; Luciana Alves, op. cit.

14. Livio Sansone, "Pai preto, filho negro: cor e diferença de geração". *Estudos Afro-Asiáticos*, Rio de Janeiro, n. 25, 1993.

15. W. E. B. Du Bois, op. cit.

16. Howard Winant, "Behind Blue Eyes: Contemporary White Racial Politics". *New Left Review*, 1997, pp. 73-88; France Winddance Twine e Amy C. Steinbugler, "The Gap between Whites and Whiteness: Interracial Intimacy and Racial Literacy", op. cit.

17. Howard Winant, ibid.

18. France Winddance Twine, "A White Side of Black Britain: The Concept of Racial Literacy". *Ethnic and Racial Studies*, Londres, v. 27, n. 6, 2004; France Winddance Twine e Amy C. Steinbugler, "The Gap between Whites and Whiteness: Interracial Intimacy and Racial Literacy", op. cit. Os trabalhos de France Winddance Twine não foram traduzidos para o português.

19. France Winddance Twine e Amy C. Steinbugler, ibid., p. 244, tradução nossa.

APÊNDICE 1 — NOTAS SOBRE O MÉTODO [PP. 115-21]

1. France Winddance Twine, *Racism in a Racial Democracy: The Maintenance of White Supremacy in Brazil*. Nova Jersey: Rutgers University Press, 1997.

2. Todas as entrevistas realizadas durante o processo foram transcritas sem nenhuma correção nas falas dos entrevistados.

3. Esta família não foi incluída em nossa pesquisa e usamos seu exemplo apenas para ilustrar um traço metodológico aqui perseguido.

APÊNDICE 2 — QUADRO DAS FAMÍLIAS ENTREVISTADAS [P. 122]

1. Esta classificação racial foi feita pelos próprios sujeitos entrevistados. É importante ressaltar que em alguns casos ela não coincide dentro da própria família e também entre os entrevistadores.

Referências bibliográficas

ALVES, Luciana. *Significados de ser branco: a brancura no corpo e para além dele*. São Paulo: FE-USP, 2010. 193 f. Dissertação (Mestrado em Educação).

BARROS, Zelinda dos Santos. *Casais inter-raciais e suas representações acerca de raça*. Salvador: FFCH-UFBA, 2002. 199 f. Dissertação (Mestrado em Ciências Sociais).

_____. "Representações do pensamento social acerca do casamento inter--racial". *Enfoques*, Rio de Janeiro, v. 7, n. 1, pp. 24-49, 2008.

BASTIDE, Rorger; FERNANDES, Florestan (Orgs.). *Relações raciais entre negros e brancos em São Paulo*. São Paulo: Unesco/Ed. Anhembi, 1955.

BENTO, Maria Aparecida Silva. "Branqueamento e branquitude no Brasil". In: _____; CARONE, Iray (Orgs.). *Psicologia social do racismo: estudos sobre branquitude e branqueamento no Brasil*. Petrópolis: Vozes, 2002, pp. 25-59.

BERQUÓ, Elza. *Nupcialidade da população negra no Brasil*. Campinas: Nepo/Unicamp, 1987. Disponível em: <www.nepo.unicamp.br/publicacoes/textos_nepo/textos_nepo_11.pdf>. Acesso em: 3 mar. 2023.

BHABHA, Homi K. *O local da cultura*. Trad. de Myriam Ávila, Eliana Lourenço de Lima Reis e Gláucia Renate Gonçalves. Belo Horizonte: Ed. UFMG, 2007.

BRITO, Angela Ernestina Cardoso de. *Educação de mestiços em famílias inter--raciais*. São Carlos: CECH-UFSCar, 2002. 137 f. Dissertação (Mestrado em Educação).

BRITZMAN, Deborah P. "A diferença em tom menor: algumas modulações da história, da memória e da comunidade". In: WARE, Vron (Org.). *Branquidade:*

identidade branca e multiculturalismo. Trad. de Vera Ribeiro. Rio de Janeiro: Garamond, 2004, pp. 161-81.

BRUNSMA, David L. "Interracial Families and the Racial Identification of Mixed--race Children: Evidence from the Early Childhood Longitudinal Study". *Social Forces*, Oxford, v. 84, n. 2, pp. 1131-57, 2005.

CARONE, Iray. "Breve histórico de uma pesquisa psicossocial sobre a questão racial brasileira". In: _____; BENTO, Maria Aparecida Silva (Orgs.). *Psicologia social do racismo: estudos sobre branquitude e branqueamento no Brasil*. Petrópolis: Vozes, 2007, pp. 13-24.

_____; BENTO, Maria Aparecida Silva (Orgs.). *Psicologia social do racismo: estudos sobre branquitude e branqueamento no Brasil*. Petrópolis: Vozes, 2002.

CHAUI, Marilena. *Brasil: mito fundador e sociedade autoritária*. São Paulo: Fundação Perseu Abramo, 2000.

COSTA, Eliane Silvia. "Racismo como metaenquadre". *Revista do Instituto de Estudos Brasileiros*, São Paulo, n. 62, pp. 146-63, dez. 2015.

COSTA, Jurandir Freire. "Da cor ao corpo: a violência do racismo". In: SOUZA, Neusa Santos. *Tornar-se negro*. Rio de Janeiro: Zahar, 2021.

_____. *Violência e psicanálise*. Rio de Janeiro: Graal, 1984.

COUTO, Mia. *Um rio chamado tempo, uma casa chamada terra*. São Paulo: Companhia das Letras, 2002.

D'ADESKY, Jacques. *Pluralismo étnico e multiculturalismo: racismos e antirracismos no Brasil*. Rio de Janeiro: Pallas, 2001.

DU BOIS, W. E. B. *The Souls of Black Folk*. Nova York: Barnes & Noble, 2003. [Ed. bras.: *As almas do povo negro*. Trad. de Alexandre Boide. São Paulo: Veneta, 2021.]

FANON, Frantz. *Pele negra, máscaras brancas*. Rio de Janeiro: Fator, 1980.

FERNANDES, Florestan. *A integração do negro na sociedade de classes: o legado da "raça branca"*. 5. ed. São Paulo: Globo, 2008. (Obras reunidas de Florestan Fernandes, v. 1).

FERREIRA, Ricardo Franklin. *Uma história de lutas e vitórias: a construção da identidade de um afrodescendente brasileiro*. São Paulo: IP-USP, 1999. 281 f. Tese (Doutorado em Psicologia).

FRANKENBERG, Ruth. "A miragem de uma branquitude não marcada". In: WARE, Vron (Org.). *Branquidade: identidade branca e multiculturalismo*. Trad. de Vera Ribeiro. Rio de Janeiro: Garamond, 2004, pp. 307-38.

_____. *White Women, Race Masters: The Social Construction of Whiteness.* Minneapolis: University of Minnesota, 1999.

FREUD, Sigmund. "A negação" [1925]. In: *Obras completas*, v. 16. *O eu e o Id. "Autobiografia" e outros textos. (1923-1925)*. Trad. de Paulo César de Souza. São Paulo: Companhia das Letras, 2011, p. 250.

FREYRE, Gilberto. *Casa-grande & senzala.* Rio de Janeiro: Maia e Schmidt, 1933.

GLASS, Ronald D. "Entendendo raça e racismo: por uma educação racialmente crítica e antirracista". *Revista Brasileira de Estudos Pedagógicos*, Brasília, v. 93, n. 235, pp. 883-913, set./dez. 2012.

GOMES, Nilma Lino. *Corpo e cabelo como ícones de construção da beleza e da identidade negra nos salões étnicos de Belo Horizonte.* São Paulo: FFLCH-USP, 2002. 449 f. Tese (Doutorado em Antropologia).

GRIN, Monica. "Modernidade, identidade e suicídio: o 'judeu' Stefan Zweig e o 'mulato' Eduardo de Oliveira e Oliveira". *Topoi*, Rio de Janeiro, v. 3, n. 5, pp. 201-20, 2002.

GUIMARÃES, Antonio Sérgio Alfredo. *Classes, raças e democracia.* São Paulo: Editora 34, 2002.

_____. "Como trabalhar com 'raça' em sociologia". *Educação e Pesquisa*, São Paulo, v. 29, n. 1, pp. 93-107, jan./jun. 2003.

_____. "Democracia racial: o ideal, o pacto e o mito". *Novos Estudos*, 2002.

_____. "A questão racial na política brasileira (os últimos quinze anos)". *Tempo Social*, São Paulo, v. 13, n. 2, pp. 121-42, nov. 2001.

_____. *Racismo e anti-racismo no Brasil.* São Paulo: FUSP/ Editora 34, 1999.

HASENBALG, Carlos A. *Discriminação e desigualdades raciais no Brasil.* Rio de Janeiro: Graal, 1979.

HOFBAUER, Andreas. *Uma história de branqueamento ou o negro em questão.* São Paulo: Editora Unesp, 2006.

HORDGE-FREEMAN, Elizabeth. *The Color of Love: Racial Features, Stigma, and Socialization in Black Brazilian Families.* Austin: University of Texas Press, 2015.

IANNI, Octávio. "O estudo da situação racial brasileira". *Revista Brasiliense*, São Paulo, n. 19, pp. 79-86, 1958.

LOPES, Joyce Souza. "Branco(a) mestiço(a): problematizações sobre a construção de uma localização racial intermediária". *Revista da Associação Brasileira de Pesquisadores/as Negros/as*, Goiânia, v. 6, n. 13, pp. 47-72, jun. 2014.

LUKE, Carmen. "White Women in Interracial Families: Reflections on Hybridization, Feminine Identities, and Racialized Othering". *Feminist Issues*, [s. l.], v. 14, n. 2, pp. 49-72, 1994.

MANDELBAUM, Belinda. *Psicanálise da família*. São Paulo: Casa do Psicólogo, 2008.

_____. *Trabalhos com famílias em psicologia social*. São Paulo: Casa do Psicólogo, 2014.

MILLER, Suzanne C.; OLSON, Michael A.; FAZIO, Russell H. "Perceived Reactions to Interracial Romantic Relationships: When Race is Used as a Cue to Status". *Group Processes & Intergroup Relations*, Londres, v. 7, n. 4, pp. 354-69, 2004.

MOUTINHO, Laura. *Razão, cor e desejo*. São Paulo: Editora Unesp, 2004.

MUNANGA, Kabengele. "Uma abordagem conceitual das noções de raça, racismo, identidade e etnia". In: BRANDÃO, André Augusto P. (Org.). *Programa de educação sobre o negro na sociedade brasileira*. Niterói: EDUFF, 2004, pp. 15-34. (Cadernos Penesb, 5).

_____. *Negritude: usos e sentidos*. São Paulo: Ática, 1986.

_____. *Rediscutindo a mestiçagem no Brasil: identidade nacional* versus *identidade negra*. Belo Horizonte: Autêntica, 2006.

NOGUEIRA, Isildinha Baptista. *Significações do corpo negro*. São Paulo: IP-USP, 1998. 145 f. Tese (Doutorado em Psicologia).

NOGUEIRA, Oracy. *Tanto preto quanto branco: estudos de relações raciais*. São Paulo: T. A. Queiroz, 1979.

"AS NOVAS famílias e os desafios da educação: qual o conceito de família e como os pais e educadores têm trabalhado estes novos padrões na formação das crianças e jovens?". *Jornal Cidadania*, São Paulo, jan. 2013.

PACHECO, Ana Cláudia Lemos. "Raça, gênero e relações sexual-afetivas na produção bibliográfica das ciências sociais brasileiras: um diálogo sobre o tema". *Afro-Ásia*, Salvador, n. 34, pp. 153-88, 2006.

PETRUCCELLI, José Luis. *A cor denominada: estudos sobre a classificação étnico--racial*. Rio de Janeiro: DP&A, 2007.

_____; SABOIA, Ana Lucia (Orgs.). *Características étnico-raciais da população: classificações e identidades*. Rio de Janeiro: IBGE, 2013. (Estudos & análises: informação democrática e socioeconômica, 2). Disponível em: <https://biblioteca.ibge.gov.br/visualizacao/livros/liv63405.pdf>. Acesso em: 3 mar. 2023.

PIZA, Edith; ROSEMBERG, Fúlvia. "Cor nos Censos brasileiros". In: CARONE, Iray; BENTO, Maria Aparecida Silva (Orgs.). *Psicologia social do racismo: estudos* sobre branquitude e branqueamento no Brasil. Petrópolis: Vozes, 2002, pp. 91-120.

PUGET, Janine. "Disso não se fala... transmissão e memória". In: CORREA, Olga B. Ruiz (Org.). Os avatares da transmissão psíquica geracional. São Paulo: Escuta, 2000, pp. 73-87.

REIS, Eneida de Almeida dos. Mulato: negro-não-negro e/ou branco-não-branco. São Paulo: Altana, 2002.

SANSONE, Livio. "Pai preto, filho negro: cor e diferença de geração". Estudos Afro-Asiáticos, Rio de Janeiro, n. 25, pp. 73-98, 1993.

SCHUCMAN, Lia Vainer. Entre o encardido, o branco e o branquíssimo: branquitude, hierarquia e poder na cidade de São Paulo. São Paulo: Veneta, 2020.

SCHWARCZ, Lilia Moritz. Nem preto nem branco, muito pelo contrário: cor e raça na sociabilidade brasileira. São Paulo: Claro Enigma, 2012.

SILVA, Nelson do Valle. "Distância social e casamento inter-racial no Brasil". Estudos Afro-Asiáticos, Rio de Janeiro, n. 14, pp. 54-84, 1987.

SKIDMORE, Thomas E. Preto no branco: raça e nacionalidade no pensamento brasileiro. Rio de Janeiro: Paz e Terra, 1976.

SOUZA, Neusa Santos. Tornar-se negro, ou As vicissitudes da identidade do negro brasileiro em ascensão social. Rio de Janeiro: Graal, 1983.

SOVIK, Liv. "Aqui ninguém é branco: hegemonia branca e media no Brasil". In: WARE, Vron (Org.). Branquidade: identidade branca e multiculturalismo. Trad. de Vera Ribeiro. Rio de Janeiro: Garamond, 2004, pp. 363-86.

STEYN, Melissa. "Novos matizes da 'branquitude': a identidade branca numa África do Sul multicultural e democrática". In: WARE, Vron (Org.). Branquidade: identidade branca e multiculturalismo. Trad. de Vera Ribeiro. Rio de Janeiro: Garamond, 2004, pp. 115-37.

SZYMANSKI, Heloisa. "Práticas educativas familiares: a família como foco de atenção psicoeducacional". Estudos de Psicologia, Campinas, v. 21, n. 2, pp. 5-16, maio/ago. 2004.

TELLES, Edward. Racismo à brasileira: uma nova perspectiva sociológica. Rio de Janeiro: Relume Dumará, 2003.

TWINE, France Winddance. Racism in a Racial Democracy: The Maintenance of White Supremacy in Brazil. Nova Jersey: Rutgers University Press, 1997.

_____. "A White Side of Black Britain: The Concept of Racial Literacy". Ethnic and Racial Studies, Londres, v. 27, n. 6, pp. 878-907, 2004.

_____; STEINBUGLER, Amy C. "The Gap between Whites and Whiteness: Interracial Intimacy and Racial Literacy". *Du Bois Review*, [s. l.], v. 3, n. 2, pp. 341-63, 2006.

VILHENA, Junia de. "A violência da cor: sobre racismo, alteridade e intolerância". *Revista Psicologia Política*, São Paulo, v. 6, pp. 1-16, abr. 2007.

WAISELFISZ, Julio Jacobo. *Mapa da violência 2016: homicídios por armas de fogo no Brasil*. Brasília: Flacso Brasil, 2016.

WINANT, Howard. "Behind Blue Eyes: Contemporary White Racial Politics". *New Left Review*, 1997.

_____. *The World is a Ghetto: Race and Democracy since World War II*. Nova York: Basic Books, 2001.

A marca FSC® é a garantia de que a madeira utilizada na fabricação do papel deste livro provém de florestas gerenciadas de maneira ambientalmente correta, socialmente justa e economicamente viável e de outras fontes de origem controlada.

Copyright © 2023 Lia Vainer Schucman

Todos os direitos reservados. Nenhuma parte desta obra pode ser reproduzida, arquivada ou transmitida de nenhuma forma ou por nenhum meio sem a permissão expressa e por escrito da Editora Fósforo.

EDITORA Eloah Pina
ASSISTENTE EDITORIAL Millena Machado
PREPARAÇÃO Leonardo Ortiz
REVISÃO Paula Queiroz e Gabriela Rocha
DIRETORA DE ARTE Julia Monteiro
CAPA E IMAGEM DE CAPA Jairo Malta
PROJETO GRÁFICO Alles Blau
EDITORAÇÃO ELETRÔNICA Página Viva

Dados Internacionais de Catalogação na Publicação (CIP)
(Câmara Brasileira do Livro, SP, Brasil)

Schucman, Lia Vainer
  Famílias inter-raciais : tensões entre cor e amor / Lia Vainer Schucman. — 1. ed. — São Paulo : Fósforo, 2023.

  Bibliografia.
  ISBN: 978-65-84568-97-6

  1. Discriminação racial — Brasil 2. Entrevistas 3. Histórias de vidas 4. Preconceitos — Aspectos sociais 5. Racismo 6. Racismo — Aspectos sociais 7. Relações étnico-raciais I. Título.

23-159254   CDD — 305.8092

Índice para catálogo sistemático:
1. Racismo : Preconceitos : Relatos pessoais   305.8092

Aline Graziele Benitez — Bibliotecária — CRB-1/3129

Editora Fósforo
Rua 24 de Maio, 270/276
10º andar, salas 1 e 2 — República
01041-001 — São Paulo, SP, Brasil
Tel: (11) 3224.2055
contato@fosforoeditora.com.br
www.fosforoeditora.com.br

Este livro foi composto em GT Alpina e
GT Flexa e impresso pela Ipsis em papel
Pólen Natural 80 g/m² da Suzano para a
Editora Fósforo em junho de 2023.